銀行主導にさせない

事業承継のススメ

NPO法人役立つ士業協議会理事長
株式会社JUST FOR YOU代表取締役社長
谷 敦 著
TANI ATSU

税理士法人プライムタックス代表社員 税理士
NPO法人役立つ士業協議会所属
谷 忠宗 監修
TANI TADAMUNE

幻冬舎 MC

はじめに

事業承継は「緊急ではないけれど重要な課題」とよくいわれます。

その言葉のとおり、「今は本業が忙しくて……」そう言って事業承継のことを後回しにしている社長さまに今まで何十人、何百人とお会いしてきました。

後回しにしたい気持ちはよく分かります。実際、中小企業を対象とした「事業承継に関する企業の意識調査（2020年)」(帝国データバンク調べ）によると、事業承継の計画がない会社は約3割、計画はあるが進めていない会社は約2割で、5割以上の中小企業が事業承継の準備ができていません。

2018年には企業経営者のボリュームゾーン（いちばん多い年齢層）は69歳前後となり、後回しにし続けてきた事業承継と否応《いやおう》なしに向き合わなければならないタイミングに差し掛かっていると私は考えます。国も承継が進んでいないこの状況を危惧して事業承継税制等の施策も出していますので、おそらくこれから先10年ほどの間で自社株の移転は進んでいくでしょう。

社長さまが命の次に大事にして守ってきた会社にもかかわらず、最後の最後で後世へのバトンタッチがうまくいかずに一族が、会社が不幸な運命を遂げてしまう……。そんな例を何度も目の当たりにしてきました。とあるお客さまは、金融機関から多額の融資を受けて株を承継するという提案を言われるがままに進め、返済に苦しむこととなりました。

かくいう私も、父親が中小企業の経営者でした。当時事業は波に乗っていて、さらに展開しようとしていたまさにそのタイミングで、志半ばで無念の死を遂げ、父が持っていた自社株に関連する問題は、死後10年にわたって私たち家族に降り掛かってきました。

父を恨んだことは一度もありません。しかし、私やほかのお客さまのように、事業承継によって苦しむ人をこの日本から減らしたい、そう思わずにはいられず、私は２００９年に特定非営利活動法人「役立つ士業協議会」を設立いたしました。

「役立つ士業協議会」を立ち上げた理由は、昨今の日本の事業承継は大手といわれる銀行やさまざまな金融機関からの提案が主流になっているからです。それらの金融機関の提案を受けるか受けないかの選択になってしまっており、中立公平性に欠け、会社主導でなく、金融機関主導で進められていることもあると懸念を抱いたからです。

「役立つ士業協議会」では１８０人を超える弁護士・税理士等の士業と提携しながら、金融機関や顧問税理士などの提案に対し、中立公平な立場からのセカンドオピニオン、中小企業の社長さまの事業承継に関する駆け込み寺のような取り組みをしてまいりました。

本書では、私が「役立つ士業協議会」の活動を通じて出会ったお客さまのお話をお伝えし、せっかくこの本を手に取っていただいた社長さまの事業承継のきっかけになればと思っております。

事業承継は、難しい税金の問題や法律の問題が複雑に絡んできます。そのことにより、社長さまにとって余計に後回しな事項になりがちです。税金や法律の問題を社長さまが一つひとつ勉強して解決する必要はありません。そのために私どもが紹介する中立的なスペシャリストがいます。

ただ、一つお伝えしたいのは、あくまでも一度きりの事業承継の主役は社長さまご自身であるということです。金融機関も顧問の税理士先生も、私どもも「社長さまがどんな事業承継を展開されていくのがいいか？」という道筋を示すことしかできません。主役である社長さまご自身が、その道筋を一つだけだと信じて受け身で事業承継を進めてはいけないのです。複数の提案をしてくれるサポーターの力を借り、数ある道筋のなかからこれだと思うベストな道を進んでいってほしいと思っています。会社に懸ける思いは社長さまご自身がいちばんご存じなのですから。

そして、私ども「役立つ士業協議会」の使命は社長さまに複数の道筋を示して、いちばんいい道筋は何か一緒に思い悩み、考えることです。

今日、金融機関が事業承継を積極的に提案してくることが多くあり、その提案を唯一だと思い、やるかやらないかという二択で進めてしまうことで大きな失敗を招くことがあるということを、この書籍を通じて知っていただければと思います。

そして、本書を通して、また私たちが開催するセミナー等でお話をお聞きいただくことで、事業承継の選択肢が増え、大きな失敗を回避することができると考えております。

数ある書籍のなかから、手に取っていただいたのも何かの御縁です。本書が社長さまにとって、ご家族にとって、会社にとって、満足がいく皆が幸せな事業承継の第一歩となることができれば幸いでございます。

銀行主導にさせない　事業承継のススメ　目次

CASE 1 ▶【ホールディングス編①】

銀行の言いなりで
20億円もの借金を背負うことに

あらすじ

事業承継について考えるとき、最も身近な提案者は銀行かもしれません。しかし、身近ではあるかもしれませんが、唯一ではありません。

唯一だと思い込むことで、銀行にとってメリットがある事業承継のスキームに乗ってしまい、その結果として多額の負債を抱え込んでしまう可能性もあるのです。

銀行の担当者は、中小企業の経営者にとっては身近な存在です。

事業の運転資金や不動産購入の資金調達などの際に接することがあるでしょうし、定期的に担当者が訪問し、「会社のことをよく知る顔なじみ」になっているケースもあるだろうと思います。

ところで、銀行といえば「お金を貸すところ」と思っている人が多いと思います。しかし、彼らは今、事業承継の領域もビジネスとしてとらえています。

このような事業展開ができるのは、中小企業とのつながりを深め、顔なじみの関係を築いてきたからです。中小企業側では事業承継の流れをきちんと把握している経営者が少なく、「誰かに手伝ってほしい」というニーズと「どうやって進めればいいか分からない」という実態があります。そのため、現在の中小企業の事業承継は、そのほとんどが銀行や証券会社などの金融機関による提案のまま進められているといっても過言ではありません。

このケースでは、事業承継を進めていくために会社のホールディングス化を行い、その過程で銀行から多額の融資を受けた会社の例についてお話しします。

ホールディングス化を勧めたのは付き合いがある銀行の担当者で、「早いうちに事業承継を終わらせましょう」と背中を押したのも銀行の担当者でした。

この提案に乗ったあと、事業上の予期せぬハプニングによって融資の返済ができなくなります。その結果、社長と後継者となる息子が親子二代にわたって借金を返済し続けることになるのです。

経営者のための生命保険

「ちょっと聞きたいことがあるんやけどな」

その社長から電話がかかってきたのは、夜の11時を少し過ぎたころだった。

(ただごとではないな)

そんな予感がしながら、電話に出て、私は社長に聞いた。

「どうしたのですか」

「やあ、谷さん、遅くにすまんな。この間、谷さんに手配してもらった保険な、あれ、俺が今死んだら保険金が下りる。そういうことやったよな」

社長にそう聞かれ、やはり、ただごとではないと確信した。社長が言う保険とは、社長が経営しているA社で契約した生命保険のことだ（会社が契約者となって保険料を払い、社長、役員、社員などに保険をかける）。いわゆる経営者のための保険で、社長の場合は、社長が亡くなったときに死亡保険金が発生し、A社が受け取ることになっている。

その社長本人が、唐突に死亡保険金について電話をかけてきた。

（業績不振に苦しんでいるんだな）

リーマンショックの影響を受けて、売上が激減していることは社長本人から聞いていた。しかし、私が心配して様子を見に行っても、社長はいつも笑顔だった。周りの人に余計な負担をかけない。困りごとは自分のなかで処理する――。そういう性格の社長で、深刻な表情を見せたことは一度もなかった。その社長が、夜遅くに電話をかけてきた。社長が私の携帯電話にかけてきたのも初めてのことだった。そう考えると、ますます不安が膨らんだ。私は少し考えて、言葉を選ぶようにしてこう伝えた。

「社長がおっしゃるとおり、死亡保険金は社長がお亡くなりになったときに支払われます。ただ、保険会社の規程で、お支払いできない場合があります」

「出ない場合もあるんですね。それは、どういうときやったっけ？」

「例えばですが、社長の場合ですと、自ら命を絶った場合、今は保険金が支払われないことになっています。そのような状況には保険会社が死亡保険金を支払わなくていいという約束になっているんです」

そう言うと、電話口から社長が小さく息をつく音が聞こえた。

「そうかあ。今、自らね……」

「ええ。あの……何かお手伝いできることはありますか」

私がそう聞くと、社長は急に明るい声になった。

「いや、大丈夫や」

「何か不安なことでもあったのでしょうか」

「いや、ないない。聞いてみただけや。夜分にすまんかったな」

「いえ。ご不明なことがありましたら、いつでもお電話ください」

そう伝えると、社長は「あいよ、おやすみ」と明るく言い、電話を切った。

私は電話を持ったままソワソワと部屋の中を歩き回った。窓の外を見ると、雨がさっきよりも強くなっていた。

(かけ直したほうがいいだろうか)

そう思ったが、やめた。やめたというより、かけ直すことができなかったのだ。仮に社長が窮地に追い込まれていたとしても、今の自分にはどうすることもできない。そう思ったからだ。自分の無力さを感じるとともに、社長を案じ、不安が膨らんだ。

（何も起こらなければいいのだが……）

ただ、そう願うしかなかった。


社長と初めて会ったのは春のことだった。知り合いの工場の社長が経営者向けの生命保険で相談できる人を探していると、仲の良い税理士から紹介されたのがきっかけだった。紹介者から連絡先を聞き、さっそく電話をかけた。面談の日時を決めて、A社を訪れたのは、それから1週間もしないうちだった。確か、あの日も雨だった。

20億円の銀行融資

A社は大阪府内の工場地域にある。社員数は100人ほどで、建物はそれほどきれいではなかったが、工場の中で忙しそうに人が動いているのが見えた。

ガチャガチャと動く機械音を聞きながら、事務棟に入る。応接室に通されると、すぐに社長がやって来た。作業着姿が板についた50代後半の笑顔が優しい男性だった。

「いやあ、雨のなか、わざわざ来てもらってすんませんね」

「こちらこそ、お時間をいただきまして、ありがとうございます」

「ま、座ってください。それで、話は聞いているかもしれませんが、会社で保険に入りたいと思っていましてね」

「はい、うかがっております。具体的には、どのような保険をお考えなのでしょうか」

「私に保険をかけてもらいたいんです。ありがたいことにここ数年は忙しくさせてもらっていますけど、病気や事故で何かあったらあきませんのでね」

「事業用の資金ですか？」

「事業用というか、事業承継のためのお金です」

「事業承継、ですか」

「そうです。息子に会社を譲ることにしましてね」

社長によれば、付き合いがある銀行から事業承継の提案を受けて、息子に自社株を譲ることにしたのだという。

銀行の提案は、「お金を貸すからホールディングス化しませんか？　それで事業承継を完了させましょう」というものだった。

まず後継者となる子息が新会社を作る。子息がその会社（ホールディングス会社）の社長となり、既存の会社の株を買い取るという流れだ。

「すでに株を譲る段取りはついてるんですが、株を買い取る資金がないので、息子が銀行からおっきな借金をします。その借金を返していくためには、私が引き続き稼ぎ頭として飛び回らなあきませんので、万一のことがあっても借金くらいは返せるようにしたいと、こういうわけです」社長はそう言って笑った。

中小企業では、社長が「エースで4番」として稼いでいるケースが珍しくない。この会社も、顧客のほとんどは社長の人脈から生まれたもので、売上の大半も社長が作っているようだった。今、仮に社長が急逝するようなことがあれば、事業は止まり、売上が激減する。「おっきな借金」の返済が滞る可能性も考えられる。そのリスク対策として自分に生命保険をかけるというわけだった。

「それで、残債はどれくらいあるのですか？」

万一のことを想定した生命保険であれば、負債額を聞いて保険金を設定する必要がある。

「残債というと、ああ、借金の額ですな。ざっと20億です」

「20億円、ですか」

鞄から書類を出そうとしていたが、金額を聞き、私は思わず手を止めた。

「ええ。銀行に紹介してもらった税理士事務所によると、工場の規模がそこそこ大きいですし、売上もありますので、株価が高いらしいんです」

「そうですか。社長の会社にそれだけの価値がある、ということなのですね」

私はそう言いながら、高過ぎるのではないかと感じた。

これまでもお客さままである社長たちや、知り合いの税理士などとの雑談のなかで、たまに事業承継やホールディングス化の話を聞くことがあった。自社株の評価額が「高くついた」という話も多かったが、20億円という金額は圧倒的に高い。

「20億かあ、えらい高いなあ……。そう思たんちゃいますか?」社長が聞く。

「ええ、正直なところ、そう感じました」

「実は私もそう思たんですよ。この会社に20億もの価値があるのかいな、と。しかし、問題はこれから先なんです。今後、業績が伸びていけば、それだけ会社の価値が上がります。すると株価も上がるわけです」

「そうですね」

「聞くと、数年後に40億になっていることもあり得るそうです。当然、相続税も跳ね上がります。そうなる前に事業承継を済ませましょう、というのが銀行の提案です。融資額は大きいですが、将来の負担を抑えるには、ここで手を打っとくことが大事というわけです。業績も好調で今なら貸せると言うてくれてね」

「確かに、いずれ高くなるのであれば、賢明なご判断だったのかもしれませんね」

「それとね、従業員のこともあるんです」

「と、おっしゃいますと？」

「私は創業社長です。従業員を採用したのも私ですし、彼らとは暑い日も寒い日も一緒に現場で汗を流してきました。従業員たちは、私にとって家族のようなもんなんです」

「そのお気持ち、なんとなくですが分かる気がします」

「せやけどね、私がもし倒れたりしたら、このご時世ですから買収の話なんかがどっかで湧いて出るかもしれません。ずっと一緒にやってきて、ある日突然、親が代わるのは従業員にとって残酷な話です。そんな不安をもたせないためにも、自分が健康なうちに会社を息子に譲って、これからもみんなで一体となって働ける場を固めようと思うたんです」

社長と従業員の関係は微妙なところがあり、家族のように仲が良い会社もあれば、お互いの顔すらよく知らないという会社もある。一概にどちらが幸せとはいえない。

しかし、この社長と働く従業員たちは幸せだろうなと思った。

「会社を大切にしていらっしゃるんですね」

「まあ、そうですね。仕事だけが人生とは言いませんけど、自分で作った会社ですし、人生を懸けて育ててきました。私にとってはこの会社が人生のようなもんですわ」

社長はそう言い、お茶を一口すすった。

「分かりました。では、いったん持ち帰らせていただき、保険プランを作成します」

「ひとつ、よろしく頼みます」

社長に見送られて、私は会社の外に出た。朝から降り続いていた雨がいっそう強くなっていた。

銀行主導の事業承継のツケ

それから何度か社長の会社を訪れ、10年間の定期保険を契約した。7年目で返済の予定だが、念のため少し期間に余裕をもって10年間の保障期間を設定した。

20億円という借金は大きい。

しかも、それだけの大金を7年で返済するというのだから驚く。しかし、銀行が返済計画を作っているのだから、返せるということなのだろう。事業が順調なら返済リスクも小さいだろうし、7年間を無事に守れる保険があれば、残された家族や社員が負債で困るような事態は避けられる。そのときは、そんなふうにしか思っていなかった。

世の中が急変したのはそれから数カ月後のことだった。

アメリカの投資会社であるリーマン・ブラザーズが経営破綻し、あれよあれよという間に世界が金融危機に襲われた。日経平均株価は年初には1万4000円だったが、年末には8000円台まで下落した。政府がさまざまな融資制度などを作って支援に回ったが、国内では中小企業を中心に1万5000社以上が倒産した。まさに「100年に一度」と呼ぶにふさわしい経済危機だった。

私と社員たちは、毎日のように契約者である会社に一社ずつ電話をかけ、状況を聞いた。

「会社を守るため」

「社長と家族と従業員を守るため」

そう約束して契約してもらった保険だ。私を頼り、信頼してくれた社長たちを守らなければならない。

このときに役立ったのは、会社や社長名義で加入している全額損金で利益の繰り延べを行うタイプの保険だった。この種の保険は、被保険者である社長などに万一のことがあったときの保障になるだけでなく、企業の内部留保の役割をもつ。黒字のときにコツコツと貯めていく。すると、今回のような経済危機などによって経営が危うくなったときに解約し、資金繰りの手段にできるのだ。

このときも業績が落ち込み、資金繰りに困る社長は多かったが、私たちの会社であるJUST FOR YOUが預かっていた保険を解約し、窮地を凌いだ会社がいくつもあった。影響度合いは会社ごとに濃淡があった。

「心配してくれてありがとう。でも、大丈夫だよ」そう言う社長がいた一方、急ぎで運転資金が必要になった社長から「すぐにでも対応策を相談したい」と頼まれることもあった。

A社は大きなダメージを受けていた。不況と円高が自動車部品業界の強烈な逆風となった。それに加えて大きな融資を受けている。20億円の融資を7年で返済するということは、元金と利子で年間3億円弱の返済になる。月々の返済額だけでも2500万円近い。仮に売上の1割が利益になるとしても、借金返済のためだけで年間50億円ほどの売上を作らなければならない。

厳しい状況であることは間違いなかった。

もしかしたら私に何か手伝えることがあるかもしれない。そう思って何度か電話をかけると、意外にも社長の声は明るかった。

「おお、谷さんか。気にしてくれてありがとう。借金ならなんとかなる。大丈夫や」

決して楽観できる状況ではなかったはずだが、社長はそう答えた。その後も折を見て社長に電話をかけた。別件の用事があるときには、何度か工場を訪ねたこともあった。

その日、工場は静まり返っていた。以前はガチャガチャと機械音が響き、従業員たちが忙しそうに動き回っていたが、今は活気がない。事務棟に入り、前回と同じ応接室で待っていると、数分もしないうちに社長が現れた。

「やあ、谷さん。いつも心配してもらって悪いねえ」

「いえ、何かお手伝いできることがあればと思って、押し掛けてしまいました。忙しかったのではないですか？」

「かまへん、かまへん。実際、暇なんや。笑《わ》ろてる場合とちゃうけども、リーマンショック前と比べると仕事が半分くらいになったからなあ」

社長はそう言い、お茶をすすった。心なしか痩せたように見えたのは、頬がこけたせいかもしれないし、声に元気がなかったからかもしれない。

保険料はどうにか調整できるとしても、返済はどうするのだろうか。そのことを聞くと「とりあえずリスケした」と社長は答えた。

リスケとはリスケジュールのことで、返済額の減額や返済期間の延長などによって返済計画を変更することを指す。

「リスケの手数料でまた借金が増えたが、手持ちがないんだからしょうがない。まあ、コツコツ返しますわ。さ、お茶でもどうぞ」

そう言うと社長は私にお茶を勧めた。社長は気丈に振る舞っていたが、私は心配だった。

（リスケで本当に対応できるのだろうか……）

月々の返済額は減らせるが、借金が長期化する。長くなるぶんだけ返済総額も増える。傷口に絆創膏を貼ることはできるかもしれない。しかし、根本的な問題解決にはならないような気がした。

それからも折を見て、社長の工場を訪れた。リーマンショックから数カ月経ったが、円高は相変わらず続いていた。アメリカの景気も戻らず、見通しはかなり暗い。新聞は不況を報じる記事で埋め尽くされていた。

「近畿圏の倒産件数、過去最多」

「輸出企業に大打撃」

「減産の影響が中小企業に波及」

そのような見出しを見るたびに、社長のことが心配になった。


あるとき、私に少しだけ本音を話してくれたことがあった。

「谷さんやから言うけどな」社長が少し身を乗り出した。

「はい、なんでしょうか？」

「自己破産しとけ、そのほうがええ、そう言う友人もおるんや」

「そうかもしれませんね」

私はなんともいえない気持ちでそう答えた。

景気が急速に上向かない限り、おそらく完済までには何十年もかかる。社長の代で返済できず、子どもの代に引き継がれる可能性も十分考えられる。であるならば、自己破産を検討するのも一つの方法だろうと思った。

「でもな、それはあかんねん」

「どうしてですか？」

「自己破産して、自分は助かるかもしれん。しかし、取引先には迷惑がかかる。自分で判断して、自分で作った借金や。だから、それはやったらあかんと思っとるんですわ」

「まあ、そうかもしれませんけど……」

社長の考えは立派だと感じた。

そういう人だから、人に信用され、一代でここまで会社を大きくできたのだろう。だからこそ、20億円を7年で返すという計画への疑念が拭えなかった。

そもそも20億円という金額が高いのではないか。20億円を7年で返済するという計画がおかしいのではないか。

今さらながら、私は社長の重しになっている融資に疑問を感じ始めていた。リーマンショックのような危機を想定できなかったとしても、もう少し低コストで事業を引き継ぐ計画があったのではないか。その方法を社長が知っていれば、こんなことにはならなかったのではないかと思った。

「つまらん話をしてしまったな」

「いえ……」

「まあ、どうにかなる。どうにかするしかないわ。俺の責任やからな」

相談できる専門家の不在

社長との出会いがきっかけになり、私は事業承継の方法について勉強を始めるようになった。仕事の合間に税法などについて調べ、事業承継のプロセスに詳しい弁護士や税理士から話を聞く機会をつくった。

私の友人の一人で、事業承継を数多く扱っている税理士と会い、話を聞かせてもらう機会も増えた。彼はおそらく、日本で最も事業承継に詳しい税理士の一人だ。事業承継の仕組みに詳しいだけでなく実態もよく知っている。事業承継について勉強を始めた私にとって、彼はいわば先生のような存在だ。その夜も仕事後に職場の近くの居酒屋で会い、話を聞かせてもらっていた。

「俺の責任。そう言っていたのかあ……」

彼はビールを一口飲み、少し考え込んだ。

「その社長が言うことも分かるんです。立派やと思います。でも、7年で20億ですよ。リスクが大き過ぎると思いませんか？」

「会社の規模や業績にもよるだろうけど、何かあったときのダメージは相当だろうな」

「こんな言い方をしたらおかしいかもしれませんけど、私、あの社長はこの方法しか知らなくて突っ走ってしまっているような気がするんです」

「ハハ、谷さんは相変わらず真っ直ぐだねえ」

彼はそう言って笑った。

「銀行の仕事は、簡単にいえばお金を貸すことだ。彼らは慈善事業ではないからね。そっちの立場に立てば貸したいと思うだろうし、もちろん違法でもない。ただ……」

「ただ？」

「ほかにもやりようはあったと思う。大きな借金を抱えてまで、そのとき、その価格で事業承継しなければならない理由はなさそうだ」

そう言うと、彼は銀行が勧める事業承継の仕組みについて説明した。

銀行のビジネスは事業承継のコンサルティング料と融資だ。ホールディングス化すれば事業承継の支援でコンサルティング料が取れるし、後継者が株を買う際の資金調達で融資が見込める。

彼の話を聞き、仕組みは分かった。しかし、理解はできたが、まったく納得できなかった。何かあったときのリスクが社長一人に覆いかぶさることになる。その構造が根本的におかしいと感じた。

ひととおり説明し、彼はこう付け加えた。

「このような事業承継のやり方が堂々とまかり通ってしまうことは問題だと思う。しかし、事業承継を考える社長側の問題も考えなければならないだろう」

「問題とは、どんなことですか？」

「中小企業の経営者は銀行のほかに相談できる相手がいない。そのせいで、ほかにも事業承継の方法があるにもかかわらず、銀行の提案どおりにやるしかないと思い込んでしまうんだ」

「そうですね。誰かアドバイスしてくれる人はいないのでしょうか。例えば、顧問の税理士だって、事業承継の手続きはできないにしても、注意点くらいは教えてあげられそうなものですが……」

社長の会社の事業承継を手伝った税理士事務所は、当然銀行の紹介だった。しかし、A社には会社を支える立場として、銀行としがらみがない顧問税理士がいる。税に詳しいはずの彼らなら、社長の窮地を救えるのではないか。そう思ったのだが、彼は「現実には難しいだろうねえ」と答えた。

「どうしてですか？」

「全員というわけではないが、会社の月次を見てくれている税理士は、月次の処理で手一杯であることがほとんどだ。なかには社長が事業承継を考えていることすら知らない人だっているだろう」

「それはそうかもしれませんが……」

「一口に税理士といっても、実務内容は多岐にわたる。会社の税務処理をやる人がいれば、相続や贈与をやる人もいる。節税対策ばかりやっている人もいる」

「先生は事業承継が多いですね」

「そう。事業承継だけでも奥深いから、その勉強だけで手一杯だ。どれも税に関わる仕事だけど、必要となる知識や経験は違うもんなんだよ」

「税のどの部分を担うかによって専門性が変わるのですね」

「そういうことなんだよ。紹介を通じていい人と出会えればいいが、現実にはうまくいかない。専門家を紹介するような仕組みがないからね」

「つまり、いい人に出会えるかどうかは運とか縁の話なのですね」

「現状では、そう言っていいと思う。そういう状況のなかで、社長の近くには銀行担当者がいる。社長にとって最も身近で、もしかしたら唯一の相談相手かもしれない」

「だから銀行の提案をうのみにしてしまうのですね」

「銀行は社会的に信用があるし、過去に融資を受けたりして恩を感じている社長もいるだろう。そういう背景が複合的に絡みあって、結局、銀行に提案されるがまま事業承継を進めてしまうことになるんだ」

一連の話を聞きながら、社長が抱え込んだトラブルの複雑さを感じた。

「ちょっと聞きたいことがあるんやけどな」

あの電話がかかってきたのは、それから数時間後のことだった。

この電話をきっかけに私はますます事業承継にのめり込んだのだ。誰が、どこで、どんな目的をもって事業承継に関わっているのか、事細かく調べ始めた。

「銀行さんが言うにはこれでも安く収まったほうなんです」

社長はそう言い、20億円が適正で割安な金額だと信じていた。その根拠は、これから会社の業績が良くなり、さらに株価が上がるため、将来的な価格と比べて今の価格が安いということだった。一見、筋が通っているように見える。

しかし、実際には逆のことが起きた。リーマンショックによって業績は半減し、株価も下がった。結果論になるが、今、この不況に喘いでいるタイミングで株を売るほうが事業承継のコストは安く収まったはずだ。リーマンショックを予想できた人はいない。それは分かっている。

しかし、急ぐ必要はあったのだろうか。

歴史を振り返れば、10年や20年に一度くらいのタイミングで不況がやってくる。仮に銀行の提案に乗って事業承継するにしても、もう少し時間をかけて進めていればよかったのではないか。そんな疑念が拭えなかった。

事業承継を勉強していくなかでもう一つ気になったのが、本当に借金をする必要があったのかということだ。金額が小さいなら問題はなかっただろうと思う。返済で困ることもなかっただろうし、すぐに事業承継が終わる。

しかし、社長のように大きい借金を抱えてまでやることだったのだろうかと考えると、かなり疑わしい。

「中小企業の社長のなかで、事業承継についてちゃんと考えている人ってどれくらいいるんやろう」

私は税理士と話した翌日、スタッフに聞いた。

「さあ、決して多くはないでしょうね。調べてみます」そう言い、スタッフはパソコンでデータを探した。

「代表、こんなデータがありました」

スタッフが私にパソコンの画面を見せる。画面には、ある中小企業の事業承継についての調査内容があった。

「ええと、事業承継したいと思っている社長のうち、3人に1人は事業承継について深く検討していない、か。なんで検討しないんやろう？」

「忙しい、分からない、教えてくれる人がいない、相談者がいない、などが原因のようですね。うちで保険を預かっている社長さんたちもみんな忙しそうですし、事業承継について考える余裕はないと思います」

「そうねえ。どうしたって後回しになるわよねえ」

私はそう呟き、社長と初めて会ったときのことを思い出した。

「暑い日も寒い日も一緒に現場で汗を流してきました」

社長はそう言っていた。今日もおそらく、作業着を着て現場で汗を流しているのだろう。忙しいから検討できない。顧問税理士、会計士、弁護士などは近くにいるが、事業承継についてはよく分からない。そうこうしているうちに事業承継の必要性が高まる。近くにいる銀行から提案を受け、「ホールディングス化すれば大丈夫」と思い込んでしまう。社長本人に事業承継の知識がなく、有益な情報も入ってこないため、銀行主導の事業承継が進んでいく。そのような流れで社長が借金を抱え込んだのだとすれば、このトラブルは事業承継で誰もが陥る落とし穴とも考えられる大変な問題だ。

この構造を変えられる人はいないのだろうか。

事業承継に詳しい専門家や、事業承継の方法についてセカンドオピニオンが聞ける身近な相談相手がいれば、もしかしたら事業承継のトラブルを防げるのではないか。

例えば、私が中立的な専門家を紹介してその人が相談相手になるというのはどうだろう。私はファイナンシャルプランナーであるが、事業承継の手続きなどを担うことはできない。実務をこなしていくためには、税理士や弁護士・司法書士など、士業と呼ばれる資格保有者の力が必要だ。

ただ、私のところには事業承継をきっかけとして保険を検討する人も相談に来る。つまり、私には事業承継に向かおうとしている社長たちとの接点がある。その関係性を活かして、事業承継の仕組みや注意点などを分かりやすく説明できれば、自分に適した方法が選びやすくなるのではないか。

「融資を受けて事業承継するしかない」と思い込んでいる社長にセカンドオピニオンを提供することによって、事業承継にはほかにも方法があると伝えることができる。

銀行が提案する方法が唯一ではないと気づいてもらえるだけでも、トラブルは防ぎやすくなるし、社長のような目に遭う人を減らせる可能性がある。そう考えたら、いてもたってもいられなくなった。

再び友人の税理士に電話をかけて、中小企業の事業承継を支援する組織を作りたいと伝えた。

「面白いことを考えたね」彼はそう言い、私の案を支持してくれた。

「先日、『せめて紹介を通じていい人と出会える仕組みがあれば』と言っていましたよね。まさに、それです。そういう組織を作りたいんです」

「どんな活動をするつもりなんだい」

「事業承継の相談を受けたいんです」

「なるほど。相談できる場所があるだけでも社長たちにとっては安心だろう」

「はい。それと、事業承継の知識習得を支援したり、承継に向けた手続きのサポートなどもやりたいと思っています」

電話をかける前は漠然とした構想だったが、話しているうちにアイデアがまとまっていくのを感じた。

「それもいいね」税理士が言う。共感してくれているのが分かった。

「次の世代、その次の世代へと続いていくはずの優良な中小企業が、事業承継でつまずいたり、方法を間違えて消滅するといったようなことはあってはなりません。事業承継、相続、譲渡、組織再編などに詳しい専門家の力を借りながら、そこに立ちはだかっている見えない壁を壊していきたいんです」

国内の企業は99％以上が中小企業だ。マクロ経済の面から見れば中小企業は経済を支える重要な存在であるし、一つひとつの会社を見ても、社長や社員、彼らの家族、取引先などが結び付き、それぞれの生活が成り立っている。

彼らの人生に寄り添いたい。日本全体を変えるのは難しいとしても、救われる会社が一つでもあるなら、やる価値はあると確信していた。

しかし、私一人の力では足りない。専門家、しかも事業承継という高度な税務を勉強して、なおかつ経験豊かな人が必要だ。

「私はファイナンシャルプランナーです。ですから、法人向け保険を勉強し、お客さまのために走り回るのも、保険によって会社、社長、従業員、社長の家族を守れると信じているからです」

「そうだね。それは十分に知っている」

「しかし、あの社長の一件を通じて、保険だけでも足りないと実感しました。私では対応が難しい税務や、法律、会計などの分野で力を貸してくれる専門家を見つけたいのです」

「確かに、士業の世界は『餅は餅屋』だし、この間も言ったけど、税務一つ取っても範囲が広い」

「そこをつなげるネットワーク作りを手伝っていただけませんか」

「僕が?」

「はい。事業承継というキーワードのもとで活動する組織を作り、事業承継で迷っている社長と、保険、税務、不動産など各分野の専門家をつなぐ架け橋になりたいのです。そのためには事業承継に詳しい先生の力が必要です」

「よし、分かった。僕でよければ力になろう。僕の周りにも信頼できる同業者や専門家がいる。彼らに声をかけてみよう」

「ありがとうございます」電話を切り、大きく息をついた。

事業承継のプロ集団を組織する。保険、税務、会計、不動産活用、資産運用など、あらゆる専門知識を投入して、中小企業が永続していくための道を切り拓く。ワンストップで社長を守りたい。

構想がまとまった。信頼できる協力者も得た。こうして私は、リーマンショックの翌年の2009年3月24日に特定非営利活動法人「役立つ士業協議会」を設立することになったのだ。

会の主旨に賛同し、協力してくれる士業の先生たちは徐々に増えていった。セミナーを通じて事業承継の難しさや課題を啓蒙する機会も増えていった。そのような活動のなかで感じたのは「事業承継に向けて準備をしないといけない」と感じている人が多い反面、具体的に準備を進めている人が想像以上に少ないということだった。

「事業承継について何か対策は取っていますか?」

保険を預かっている社長たちに聞くと、ほとんどの人が「取っていない」と答える。これが中小企業の実態だ。

「やり方が分からない」「まだ大丈夫」「忙しくて時間がない」

そんな理由を挙げて、後回しにしている社長が多かった。

「まだ大丈夫なんて言っていたらいつまで経っても準備できません。できるところから始めていきましょう」

そう促しながら、一社ずつ、一歩ずつ準備を進めていく。幸い、JUST FOR YOUで保険を預かっているお客さんは、私のことを信頼してくれている。

「谷さんが言うなら、やったほうがええんやろうなあ」

そんな感覚で私の話に耳を傾けてくれた。保険のお客さんのなかには、「役立つ士業協議会」のセミナーに来てくれる人もいたし、「税理士を紹介してほしい」と頼む社長もいた。その様子を見て、社長たちが相談できる誰かを求めていたのだと実感した。

「忙しそうね。JUST FOR YOUさんには今までどおり保険の相談とかしてもいいの？」

と、冗談を言う人もいた。

「してください、してください。保険で皆さんを守るのが私の使命ですから、この先もやめるつもりはありません。事業承継について知ってほしいのは、社長さんたちの将来を守りたいからなんです」

「へえ、相変わらずお節介やねえ」

「はい、ありがとうございます」


「何から手を付ければいいか分からない」

「誰に相談すればいいかも分からない」

そういう状態の社長に寄り添うのが私たちの役割だ。

だが、20億円の借金を背負ってしまった社長はもう救えなかった。今ならコストをかけずに株を譲渡する方法などを伝え、事業承継を手伝えただろう。相談や実務を任せられる税理士も紹介できる。保険や退職金などを手当てすれば、結果として株の買い取り価格も下がっただろう。私が事業承継に目覚め、「役立つ士業協議会」を作るのが1年遅かった。社長の力になれなかったことが悔しい。

しかし、これから出会う社長は救える。力になれる。支えられる。

「ちょっと聞きたいことがあるんやけどな」

あの夜の電話からしばらくの間、誰かに何かを聞かれることが少しトラウマになった。社長の力になれなかった当時の自分の無力さを思い出すからだ。しかし、「役立つ士業協議会」で活動を続けていくなかで、その意識が変わってきたのを感じる。

事業承継について「ちょっと聞きたいこと」を抱えている社長は多い。ちょっとのことが聞けずに困っている人もたくさんいる。また、いちばん多いのは聞きたいことが分からない社長で、これこそ最も危険な状態だ。何を聞きたいのか？　分かるようにセミナーでその話を聞く役になる。

聞きたいことが分かる。そのための支援をする。

社長との出会いから1年後、私は新たな使命をもち、第二の出発点ともいえるスタートを切ることになったのだ。

解説

事業承継の解決策は一つではない

事業承継の方法は一つではありません。今すぐにではなく、時間をかけて進めていく方法もあったはずです。7年で20億円という大きな負担を避ける方法もあったはずです。そのような選択肢をすべて机に並べ、そのうえで「融資を受け、今やる」と決めたのなら「俺の責任」だと思います。しかし、話を聞く限り、銀行は社長にほかの選択肢を理解していただくまで説明していたかといえば、そこには疑問が残ります。この事業承継のやり方の選択肢については、基礎的な知識も含め、非常に難しいことです。そのことがこのトラブルの本質なのだと思います。

すなわち、通訳が必要なのです。その通訳をする人が、本当に社長の立場に立って相談に乗ってくれているのか。ここを見極める必要があります。

では、銀行提案のホールディングス化のほかに、どんな方法があったのでしょうか。

例えば「株式移転」という方法があります。株式移転は、会社法という法律にのっとってホールディングス化する方法で、株の売買は行いません。事業承継で重要なのは事業を、つまり株を譲ることなので、わざわざ融資を受けて株を売買しなくても、株を移転すればいいのです。

今回のケースに当てはめると、ホールディングス化よりも株式移転のほうがコストをかけずに実行できますし、売買を行わないということは融資が発生しないため、親子が借金で苦しまずに済んだかもしれません。

一つの提案だけをうのみにしない

社長に融資した銀行の担当者は、その後転勤をして、別の支店で働いているでしょう。銀行員は銀行のビジネスのために働く立場ですし、法律的にも社会的にもなんの問題もありません。残念ながら、それが現実なのです。

また、事業承継について知識がある社長も少なく、周りを見渡しても、おそらく事業承継について相談できる人はなかなか見つからないでしょう。それもまた、残念ながら現実であり、そのせいで銀行などの金融機関主導で事業承継が進んでしまいます。

私はそのことを社長との出会いを通じて知りました。これから事業承継を考える経営者の方々にも、このようなトラブルが現実に起きていることを知ってもらい、自分がトラブルに巻き込まれる可能性もあると知ってほしいと思っています。

経営者としては、まずは融資を受けずに事業承継する方法がないかを検討したり、少なくとも、銀行の提案だけで事業承継を進めるのではなく、セカンドオピニオンを求めることが必須だと思います。

また、セカンドオピニオンを聞くにしても、誰に聞くかは考える必要があるでしょう。ほかの金融機関に聞いても、A銀行がB銀行に変わるだけのことです。顧問の税理士などに聞ければいいですが、事業承継の知見があるとは限りません。

私が「役立つ士業協議会」を設立しようと思い立ったのは、この状況をどうにかして変えたいと思ったからです。特定非営利活動法人は非営利団体ですから、中立な立場で相談に乗ることができます。事業承継に詳しい税理士や弁護士がいますし、その数も年々増えています。

一つの提案だけを聞き、うのみにするのはやめましょう。

「答えは一つではない」

「もしかしたらほかにもっと良い方法があるかもしれない」

その意識を頭の片隅に置いておくだけでも、事業承継で失敗するリスクは抑えることができるのです。

CASE 2 ▶【ホールディングス編②】

本来の目的をはき違えると
税務否認され、
ホールディングス化は無効に

あらすじ

事業承継において、ホールディングス化はよく耳にする言葉です。

事業会社の株をすべて持つという意味で、持株会社化とも呼ばれます。

ホールディングス化するメリットとしては、会社の資産をホールディングス、事業を事業会社に分けることでグループ内の役割を明確にしたり、事業会社を切り離したり加えたりしやすい状態にしておくことで、グループ全体として事業をスリム化・拡大が可能な、柔軟な状態にすることができます。

また、ホールディングスに資産を集約する副次的な効果として、ホールディングスの将来の株価上昇を抑えられることもあります。

ただし、留意しておかなければいけないのは、ホールディングス化するだけで株価が下がると誤解されているケースが多いことです。

結果としてホールディングス化が将来の株価上昇の抑制につながることはあります。

しかし、そのためには前述したような資産と経営の切り分けといった活用が必要になりますし、そもそも株価対策を目的としたホールディングス化は当局に否認をされるリスクもはらんでいます。

一方で、そのようなリスクがあるにもかかわらず、あたかもホールディングス化すれば中小企業に無条件でメリットがあるといった誤解を生む内容の提案をする金融機関もあります。

彼らにとってはホールディングスを作ることがゴールである場合もあり、ホールディングス化したあとは放ったらかしになっていて、ホールディングス化したあとの活用法までアドバイスできておらず、もったいないケースも見受けられます。

CASE2では、銀行に「節税になる」と言われるがままにホールディングス化に踏み切ろうとしてしまう社長の事例を紹介します。

節税効果をちらつかせたホールディングス化の話に乗ってしまうと、会社の未来が危機にさらされることになりかねないので、よく注意をするべきです。

事業承継のためのホールディングス化

「ところで社長、事業承継の準備は進めていますか？」

「おう、大丈夫や。JUST FOR YOUさんからはいつも『事業承継』『事業承継』と言われてるからな。どうにかせなあかん、早くやらんとまた谷さんに言われると思って、ホールディングス化を検討中なんだよ」

想像していない答えに、頭が混乱した。

この日、私はスーパーマーケットを経営するB社の社長と保険の見直しの相談をしていた。

社長とは経営者向け保険で10年来の付き合いがある。息子が二人いることは知っていたし、「いずれ子どもに会社を譲りたい」と言っていた。

それならば、保険も大事だが、そろそろ事業承継の準備も考えたほうがいい。そんな話をしたのは今回が初めてではなかった。

「早くやらんとまたJUST FOR YOUさんに言われるからな」

これは心外だが、まあ、いいとしよう。社長を急かすなんて恐れ多いが、以前から事業承継の準備を進めましょうと伝えてきたのは事実だ。それでもなかなか重い腰を上げなかった社長が、ついに事業承継の準備を始めたという。

しかも、その手段として会社のホールディングス化を検討しているというのだ。

ホールディングス化は、簡単にいえば持株会社を作ることだ。事業をする会社と、その会社の株を持つ持株会社に分けて既存の組織を再編成する。

社長の会社が順調なら、事業の成長や事業承継のためにホールディングス化に興味をもっても不思議ではない。しかし、社長は事業承継について明るいわけではない。

その社長が、藪から棒に「ホールディングス」というキーワードを持ち出してきた。

「この間な、付き合いがある銀行の紹介でコンサルタントの人が来てな、その人が言うには、うちみたいな中小企業はホールディングス化したら得するみたいなんや」

(やっぱりな……)

「ホールディングス化について、どのようなご認識をおもちですか?」

「ホールディングス化したら、株価安になるねん。銀行もお金貸してくれるみたいやし、するわ」

「社長、その理解どおりで進めるのは危険だと思いますよ。社長がホールディングス化したい目的はなんですか？」

「それは得するからだよ。銀行さんが言うにはな、ホールディングス化すれば、株価が下がって節税になるらしいねん」

ホールディングス化による資産と経営の分離は、事業会社名義の不動産などをホールディングスに移転することで、ホールディングスがグループと創業者一族の資産管理、事業会社は事業をする会社に整理できる。そういった組織を作り、事業会社の経営を生え抜きの社長にやってもらい、ホールディングスでそれを見守るという体制を作れるメリットは多くある。

ところが、いつからかホールディングス化という言葉が一人歩きするようになったのだ。「ホールディングス化は節税になる」「贈与税、相続税を圧縮できる」

そんな上すべりの受け売りを真に受けて、提案されるがままに節税目的の安易なホールディングス化を実行する人が増えているのだ。

「正直に申し上げて、節税だけのためのホールディングス化は問題です」

「問題あるんかい？　なんや、手続きは丸投げできるみたいやし、それなりにええこともありそうな感じがしたんやけどなあ……」

ホールディングス化の落とし穴

「社長、税務否認という言葉を知っていますか？」

「なんやそれ？」

「租税回避行為を目的としたホールディングス化に見える場合、否認できる、ということです」

「租税回避って、要するに、税金逃れか」

「そうです。節税だけが目的と認識されるようなやり口だと、ホールディングス化は無効になり、追徴課税が発生することがあるのです」

「え、そうなん……？」

社長はようやく事の重大さに気づいたようだった。

「それはあかんなあ」

社長のように、節税という言葉につられてホールディングス化を考える人は少なくない。「役立つ士業協議会」のセミナーや相談会でも、「ホールディングスを作ったが、次はどうすればいいのか」「ホールディングス化を提案されたが、どう思うか」といった質問を受けることがある。

そのような人たちには、「ホールディングス化の本来の目的は節税ではない」という認識をもっていただきたい。社長自身がこのことは知っておかなければならない。

結果として、ホールディングス化が節税につながる場合があるのは事実だ。

例えば、ホールディングスの株式評価の多くは純資産価額方式という方法で算出されるため、子会社の含み益に対して約37％控除が適用される（令和3年時点）。この場合、社長が個人で自社株を持つ場合より株式の上昇が抑えられるため、節税効果が生まれる。

しかし、それはホールディングス化の副産物である。そこを履き違えると、会社そのものがリスクにさらされる。

会社のこと、事業承継のこと、後継者のことを本気で考えるのであれば、目先の税金のことで時間と労力を無駄にするのではなく、ホールディングス化を活用してきちんと納税し、未来永劫、続いていくような仕組みをうまく作り出すことが大切だ。

解説

なんのためのホールディングス化かを考える

この話は、ホールディングス化する本来の目的や、後継者が未定の状態でもできることがある、ということを伝えたいと思い、紹介しました。

個人的には、CASE1で紹介した話のリベンジでもあります。CASE1の社長は、銀行が提案する事業承継のスキームに乗り、多額の借金を背負い込んでしまいました。

前述のように、そのトラブルを知ったことが、私が事業承継に関心をもつきっかけでした し、社長のように苦しむ人を減らしたいという思いが「役立つ士業協議会」の設立にもつながっています。以来、多種多様な事業承継の計画や手続きを支援しながら、私の頭の片隅には常に「どうすればあの社長の力になれたのだろうか」という問いがありました。

その答えを探し続けた結果、融資を受けずに事業承継する方法があると理解し、B社の社長をはじめ、多くの経営者に伝えられるようになりました。

さて、ホールディングス化について重要なのは、持株会社となるホールディングスを作って終わりではないということです。

むしろ、ホールディングス化するところがスタートといってもいいでしょう。

そこから先をしっかり提案、実行できる専門家が、実は少ないのです。

ホールディングス化することを勧めた銀行などはもしかしたらそれがゴールかもしれませんが、当事者である社長や会社は、それだけではメリットは少ない。ホールディングス会社はもっと活用することが実はできるのです。

では、ホールディングス化した次に、何をすればいいのでしょうか。

まずはグループ全体として保有する資産と経営の分離です。つまり、事業会社には事業を残し、事業会社が持っている不動産などの資産をホールディングスに移します。

こうすることで、事業会社は純粋に事業を行うためだけの会社、ホールディングスは事業会社を含む創業一族の資産を管理する会社という位置付けに整理できます。

経営面では、子会社の経営と業務を統括する立場となり、事業会社とホールディングスそれぞれの会社がもつ役割を明確に分けることができます。

資産と経営の分離により、副次的な効果として株価が下がることもあります。株価が下がるということは、自社株の移転にまつわるコスト、つまり贈与時には贈与税、相続時には相続税が低くなるということです。そのような副次的現象が起こるということは押さえておくといいでしょう。

例えば、事業会社で、あるいは社長ご自身が不動産をお持ちの会社も多いでしょう。その不動産をホールディングスに移転します。方法はさまざまありますが、ホールディングスが銀行から借り入れをして事業会社の不動産を購入するとしましょう。前提として、この不動産には含み損があるとします。

この場合、3年経過後に、不動産の価値は買ったときの価格から相続税評価額に変わります。この差額によりホールディングスの資産額が下がるのに対し、借入はそこまで減っていません。そのバランスによっては、株価が下がることがあるのです。

このような活用も考えながら、会社の未来をより良くしていくことがホールディングスを作ることで実現できていきます。

［図表１］ ホールディングス化（HD化）とは?

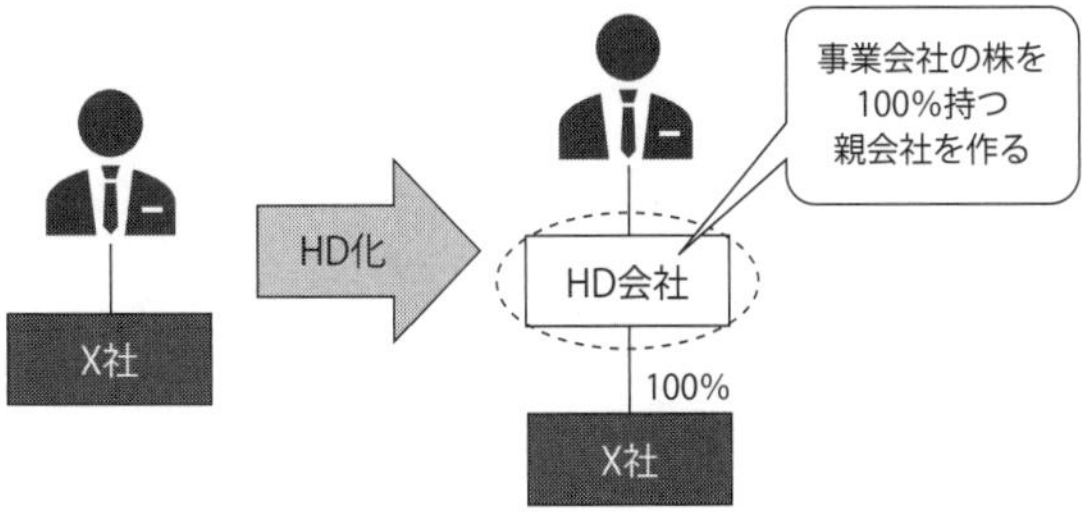

［図表２］ なぜ株価対策にHD化?

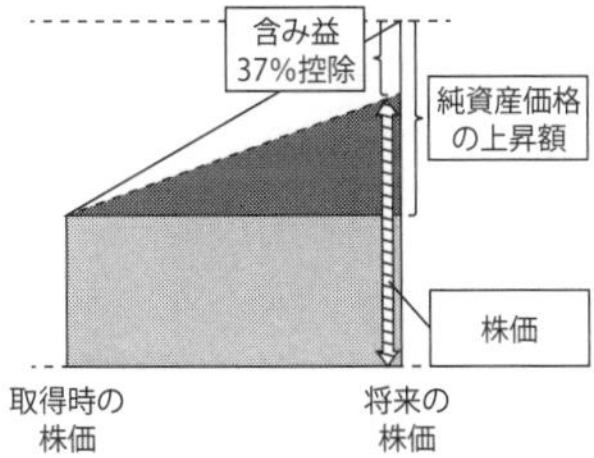

［図表３］ 将来の株価の上昇を抑えることができる

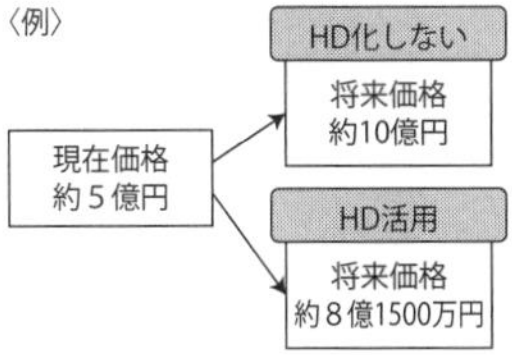

※令和３年時点
※図表３：結果としてこのように活用できる場合もありますが、あくまで一例です。

「餅は餅屋」に。「ホールディングス化は専門家」に

いまだに節税や相続税対策だけを目的としたホールディングス化の提案は存在しています。

明日にでも皆さんのところにそんな提案が舞い込んでくるかもしれません。

すべての提案が危ないとは言いませんが、不安に感じたり、分からないことがあったりする場合には、まずは事業承継の実務経験が豊富な専門家に相談してみるといいでしょう。

危険な話に乗っからないための予防として、事業承継に関するセミナーなどに参加して少しでも知識を得てください。「役立つ士業協議会」はそのためのセミナーを行っていますし、その場で専門家に相談することもできます。

多少でも予備知識があれば、危険な話をうのみにしてしまう事態は避けられます。

また、事業承継は「事業を譲ると決めてから準備するもの」と思っている経営者は多いと思います。

しかし、それは誤解です。事業承継は後継者が決定しないと実行できませんが、事業承

継の準備はすぐにでも進めることができます。このCASE2で紹介したホールディングス化のように、後継者が決まっていない状態だからこそ、検討してみたほうがいい方法もあります。

そのような選択肢を知るためにも、専門家やセミナーなどをうまく活用してみてください。

未来のために、ぜひ社長自身が分かりやすい事業承継セミナーに参加してみてはいかがでしょうか。

CASE 3 ▶【退職金編】

退職金を侮るなかれ。
税務否認されると、株価に大影響

あらすじ

社長が会社を勇退する際に会社から退職金が支払われます。

税務上の取り扱いでは、会社側は原則として支払った退職金をその期の損金として計上することができます。

損金とは経費のことで、売上から差し引きして利益を計算しますので、損金が大きいほど結果として利益は少なくなります。法人税は利益に対してかかりますので、損金が大きいほど会社の納税額も少なくなります。

受け取る社長側は、日本一税金が優遇されているといわれている退職所得という形で退職金を受け取ることができます。退職金にかかる税負担が優遇されているのは、退職金が老後の生活資金の原資になるため、仕事を離れ、収入が減った人たちが老後の生活で困窮することがないように、税制面で配慮されているのです。

事業承継の対策の一連の流れのなかでも、退職金はたびたび登場します。

退職金を支払うことによって、会社の資産を減らしてから後継者へ自社株を贈与するという事例も多く見受けられます。

資産が少ないほうが自社株の評価が低くなり、贈与税も安く収まります。その効果を見越して退職金を活用するケースがあるのです。

しかし、これだけの優遇措置があるため当局も退職金を税金逃れのために悪用していないか目を光らせます。

特に厳しく見ているのが「退職した事実があるか」です。

CASE3では、退職金をもらって退職したはずの先代社長が、その後も経営に深く関与してしまったために当局に退職金否認された話を紹介します。

退職した事実が否定されたことで、贈与した自社株の価格を再計算することになり、多額の贈与税を支払うことになる可能性があるのです。

目先の節税にとらわれてはいけない

「それではご登場いただきましょう。JUST FOR YOUの代表、そして、『役立つ士業協議会』の理事長でもある、谷 敦さんです。大きな拍手でお迎えください」

この日、私は大手新聞社が主催する事業承継のフォーラムで講演することになっていた。フォーラムのテーマは「相続と事業承継」である。講演は何度か呼んでもらっていたが、今日は特に人が多い。壇上に立ち、会場を見渡す。

講演を聞く皆さまそれぞれに悩みがあり、相談相手を探しているのだ。少しでも、一つでも役に立ちたい。そう思うと自然と言葉に熱がこもった。

講演の内容は私がいつも伝えていることを凝縮したようなものだ。

「事業承継に『まだ早い』はありません」

「事業承継はとても時間がかかります。長い目で対策を講じていくことが大切です」

「大事な会社を後世に残していくために、少しでいいので事業承継に興味をもち、勉強してみてください」

「銀行の担当者や、ホールディングスを作ったことがない税理士さんや弁護士さんの意見をうのみにするのは危険です。事業承継の専門家にアドバイスをもらってください。必ずセカンドオピニオンを聞いてください」

「本物の専門家の意見を聞いて、焦らず、正しく事業承継しましょう」

伝えていることの一つひとつは、当たり前のことだ。

ただ、簡単なことに聞こえるが、社長にとっては案外難しい。

例えば、一つ目に挙げた「『まだ早い』はない」ということですら、頭では分かっていても、つい後回しにしてしまう人が多い。そのせいで散々な目に遭った社長を見てきた。

面倒くさい、今は忙しい、来月やろう、来年やればいいと、後回しが常態化していく。

そのうちに、社長が倒れて会社が傾いたり、社長が亡くなり、後継者である子どもに多額の相続税が発生したりするのだ。

「正しく納税する」という点もなかなか素直には受け入れてもらえない。

社長の多くは税コストを少しでも下げたいと思っているからだ。

払う必要がない税金は払わなくていいが、払わなければならない税金は払わなければならない。当たり前のことだが、この線引きが難しい。

「納税額を減らす方法はないか」などと考え、「あんな方法があるらしい」といった話に興味をもってしまう。安易なホールディングス化がその一例といえるだろう。

目先の節税に走っても、当局に否認されてしまうと元も子もない。

そのような手法の危険性について知ってもらいながら、「事業承継を正しく進めていきましょう」と伝える。

フォーラムでの講演はそのための手段で、「役立つ士業協議会」の重要な活動の一つになっていた。

退職金が節税になる⁉

「事業承継の方法を教えていただきたいのですが」

そう切り出したのは、フォーラム後の個別相談に来た女性だった。見た目は60歳くらいで、聡明な顔つきをしていた。

「息子に会社を譲りたいと思っているのですが」

「そうですか。では、少し詳しく話を聞かせてください」私はそう言い、彼女の会社について聞いた。

彼女は愛知県でエステサロンを経営している。県内外に5店舗あり、年商は5億円ほど。規模の面では全国展開しているエステチェーンに負けるが、地域では名が知れた、評判の良いサロンの会社だった。

もともとは夫と二人で始めた事業だったが、昨年、夫が他界し、今は彼女と息子が経営を担っている。子どもは息子一人で、今はグループの営業部門の責任者を務めている。

今日の大阪でのフォーラムはウェブサイトを見て知ったという。

フォーラムを始めて以来、JUST FOR YOUがある大阪周辺だけでなく、全国から相談に来てくれる人も現れるようになっていた。

「事業承継について知識がないので、まずは話だけでも聞いてみようと思って参加しました」

「そうでしたか。愛知から大阪まで遠かったでしょう」

「いいえ、新幹線に乗ればすぐです」彼女はそう言うと、スタッフが出したお茶を一口飲んだ。

「それで、事業は息子さんに譲るのですね？　そのことを息子さんはご存じなのですか？」

「事業を譲ることについてですか？　はい。具体的にいつとは伝えていませんが、以前から会社は譲るつもりでしたので」

「そうですか。では、事業承継の流れについて少し説明させていただきます」

私はそう伝えて、事業承継に向けた手順を説明した。

親子間の事業承継は、自社株の相続、贈与、売買などの方法で行う。

相続は社長である親が死亡したときに行うものだ。この場合は遺言書で社長の意思を明確にしておく必要がある。ただし、今回は社長が生きているうちに事業承継を進めるため、このケースには当たらない。

すると、贈与か売買で事業承継することになるが、一般的には贈与する人が多い。

贈与は相続に比べて税負担が大きくなるため、自社株の価値が高い場合は年間110万円の控除がある暦年課税を使うか、いずれ親が死亡し相続が発生したときに、相続財産に持ち戻して税金の精算を行う生前贈与（相続時精算課税制度）を使う。

「税金がいくらになるかは、株価を計算しないと分からないということですね」

彼女はそう言い、私が伝えたことを手元のメモ帳に書き留めた。

「会社の規模や売上額などが大きいほど株価も高くなりやすいので、社長の会社の場合も、もしかしたらまとまった金額になるかもしれません。『役立つ士業協議会』の税理士を紹介しますので、株価や株価対策について相談してみてはいかがでしょうか」

「そうですね。検討してみたいと思います。それで、株価対策というのは？」

「例えば、業績が良く、株価がこれから上がっていくと予想できるのであれば、株価が相対的に低いときに贈与したほうが税負担は軽くなります」

「なるほど」

「あとは、資産を整理したり、不動産を活用したり、細かな対策はいくつかあります」

「退職金も節税になるのですよね？」彼女が不意に聞いた。

「え？　はい。よくご存じですね」

「知り合いに話を聞いたりしているなかで、そういう話があったものですから」

「そうですか。おっしゃるとおり、退職金は損金として計上しますので、退職金の支払いがあった年は結果として利益額が少なくなり、株価も下がることになります」

「分かりました」彼女はそう言い、再びメモ帳に書き留めた。

（事業承継を急ぐ理由があるのかな？）なんとなくそう感じた。

「ご承知かとは思いますが、退職金は退職する人が受け取るお金です。退職金を受け取ったあとは、当然ながら、仕事から離れなければなりません」

「はあ……」

「株価対策のために退職金を受け取ることは事業承継の目的から外れます。当局に否認されることがありますので、注意してくださいね」

そう言って、私はやんわりと釘を刺した。

事業承継に関わる節税対策として、「退職金をもらったほうがいい」というような「予備知識」を誰かに入れ知恵されているような気がしたからだ。

そのあと、もう少しだけ事業承継の流れや仕組みについて説明した。

「税コストを抑えるために株価対策をすることは大事です。しかし、そのために度を超えた取り組みをしても、当局はきちんと見ていますから、結局は無駄になります」

「はい」

「我々が紹介する税理士はその点も十分に理解していますので、安心して相談してみてください」

そう伝えると、彼女は黙って小さく頷き、帰って行った。

このときはまだ、彼女がのちに大きなトラブルを抱えることになるとは想像もしていなかった。

後継者の能力が不安

次に彼女と会ったのは、フォーラムから1カ月ほど経った頃だった。

ちょうど名古屋でお客さんと会う用事があったため、大阪に戻る前に彼女の会社を訪れた。

最初に相談を受けた日から数日もしないうちに、彼女は「役立つ士業協議会」の税理士に連絡していた。

しかし、連絡を受けた税理士によれば、一度会って概要を伝えたのち、「別の税理士に依頼したい」と断りの連絡があったのだという。

そのことを税理士から聞いたとき、電話口で気になることを言っていた。

「あの社長、なんか心配事があるんじゃないのかな」税理士が言う。

「どうしてですか?」

「『会社を譲りたい』と言っている割に、本心では譲りたくないと思っているんじゃないかと、そんな気がしてさ。もしかしたら誰かに引退を勧められているんじゃないだろうか。一度しか話していないから、僕の思い過ごしかもしれないが」

「そうですか。分かりました。一度話を聞いてみます」

「そうしてくれると助かる。何もないかもしれないし、ないならないで、それに越したことはないんだがね」

「そうですね。教えていただき、ありがとうございます」

電話を切り、私は少し考えた。

「まだ経営を譲りたくない」そう考える社長の気持ちは分かる。過去にも事業承継を進める一方で、後継者の能力不足を心配する社長が何人もいた。

創業社長の場合、会社のために人生をつぎ込んできた人も多い。そういう人にとっては、会社は自分の分身のようなものだ。

「会社を譲ったあと、自分は何を頑張ればいいのだろうか」

「人生の苦楽をともにしてきた会社を、果たして後継者はうまく経営できるだろうか」

そのような不安をもつ人は少なくないのだ。彼女にとって会社は、夫とともに育ててきた大切な資産だ。夫と過ごした日々の思い出でもある。

その会社をいよいよ手放すこととなり、不安をもったのかもしれない。あるいは、もともと彼女は会社を手放したいとは思っていなかったのかもしれない。

譲りたくないけれど、譲ったほうがいい。譲らなければならない。そう考えるに至った誰かの提案があったか、または、誰かにせっつかれたか――。

もしかしたら金融機関の勧めで事業承継を考えたのかもしれない。最近、銀行や証券会社が事業承継を提案し、その過程で手数料やコンサルティング料を得るケースが増えている。

「ご主人が他界して、女性一人で会社を切り盛りするのは大変でしょう」

「息子さんに会社を譲って、悠々自適に過ごしてはいかがですか」

そんなふうに言われて「潮時なのかな」と思った可能性は十分に考えられる。

または、息子に事業承継を急いでほしいと頼まれたのかもしれない。

「あとは僕がちゃんとやるよ」

「お母さんはゆっくりしてよ」

そう言われて事業承継を決めた可能性もある。

いずれにしても、彼女がどう考えているかによってアドバイスは変わる。事業承継の背景はさまざまで、一筋縄ではいかない。親子の関係性が家ごとに違うように、事業承継のベストな形も会社ごとに異なるのだ。

まずは彼女がどう考えているか知ることが大事だった。

(さて、どうやって切り出すか)

そんなことを迷っているうちに、待ち合わせ場所に彼女が現れた。彼女が指定したのは、会社近くの喫茶店だった。

「遠いところ、すみません」彼女が恐縮しながら店に入って来る。

「いえいえ、こちらこそ押し掛けてしまって」飲み物を注文し、一息つく。

「改めて聞きますが、息子さんに会社を譲りたいと考えていらっしゃるのですよね」

「はい、先日お伝えしたとおりです。せっかく谷さんに税理士さんをご紹介いただいたのに、すみませんでした」

「いいえ、気になさらないでください。何か気になることでもあったのですか？」

「実は、知人に別の税理士さんを紹介してもらいまして、そちらのほうが会社に近いので、詳細を相談しているところなのです」

「そうでしたか。それで、事業承継の話は進んでいますか？」

「はい、来月には退職しようかなと思っています」

「来月ですか。ずいぶんと早いですね」

「ええ、もう決めたことですし、決めたなら早いほうがいいかなと思いまして」

「心残りはないですか？」

「心残り、ですか」

「ええ。例えば、まだ時期尚早かなと思っていたり、後継者となる息子さんのことが心配だったり、または、『会社を譲りましょう』と提案されたときは『そうしよう』と思ったけど、今は考えが変わっていたり、とか」

「……谷さん、なんでもご存じなのですね」彼女はそう言って笑った。

「いいえ、今言ったことは社長のことではありません。私が相談を受けてきたほかの社長を見ていると、会社を譲ると決めてから、そのようなことで不安を感じる人が多いのです」

私がそう伝えると、彼女は少し安心したような表情を見せた。

「ほかの社長さんたちの気持ち、分かるような気がします。正直なところ、私も不安はあります。息子に経営ができるのか、社員は息子を支えてくれるか、もしかしたらあと数年待ったほうがいいのではないか。そんなことを考えています」

「社長、もし気になることがあるなら、引き返すこともできますよ。まだ退職していませんし、株もまだ持っているわけですし」

「ええ。でも、迷っていても仕方がないと思うんです。2、3年待ったところで、息子が経営者として成長するかどうか分かりません。私も年を取りますし、主人と二人で育ててきた会社ですが、いつかは次の世代に譲らないといけないですし。それに……」

「それに、銀行、ですか？」

「ええ。やはり、お見通しでしたか。事業承継の提案を受けたのは付き合いがある銀行で、すでに銀行から紹介してもらった税理士さんとも話が進んでいます。ここで引き返すと周りに迷惑をかけることになり、会社と銀行の関係にも響く可能性があります。ですから、このタイミングで事業承継することがベストではないかもしれないですが、完全に間違いでないなら譲ってしまうほうがいいと思っているんです」彼女はそう言い、コーヒーをすすった。

「そうですか」私は喉まで出掛かっていた「考え直したほうがいいですよ」という一言を無理やり飲み込むように紅茶を飲んだ。

「……すみません」彼女が申し訳なさそうに言う。

「いえいえ、社長が謝ることではありません。社長の会社です。社長の決断が大事です」

「ありがとうございます」

「いえ、こちらこそ、何もお手伝いができなくて」

「そんなことありません。こうして親身になって話を聞いてくれただけでもうれしいんです」彼女はそう言うと、少し安心したような笑顔になった。

「社長、一つだけ約束していただけますか?」

「はい、なんでしょうか」

「事業承継は銀行と税理士事務所がきっとうまく段取りしてくれるでしょう。しかし、何か問題が起きることもあります。事業承継では予期せぬトラブルが起きることがあるものなのです。そのときには、遠慮なく私に相談してください」

「それが、約束ですか?」

「はい」

「分かりました。困ったときは必ず連絡します。約束します」

「良かった。その一言が聞けて安心しました」それからしばらくの間、彼女と雑談をした。

エステのことやご主人のことを聞き、彼女はケーキを食べ、私は赤ワインを飲みながら、二人だけの小さな女子会を楽しんだ。

その1カ月後、彼女から無事に事業承継が済んだと連絡があった。

「退職金をもらったので、久しぶりに一人旅でもしてきます」そんなことを言っていた。

「任せきり」が自身の首を絞めることに

次に彼女と会ったのは、それから1年後のことだった。

彼女から連絡を受け、私は急いで名古屋に向かった。

（こんなことになるなら、やはりあのとき強引に止めればよかった）

新幹線の車窓をぼんやりと眺めながら、湧き出てくる後悔の思いに耐えていた。

待ち合わせ場所は前回と同じ喫茶店だった。店に着くと、すでに彼女はテーブルで待っていた。紅茶を頼み、席に着く。挨拶もそこそこに、彼女に詳細を聞いた。

「すみません、遠いところまで」彼女が申し訳なさそうに言う。

「気にしないでください。何かあったときは連絡する。その約束を守っていただけてうれしいです。それで……」

「はい、電話でも少しお話ししたとおり、当局から退職金の件でだめだと言われまして」

「退職金の税務否認ですね。社長、お仕事は辞めたのではなかったのですか？」

「社長は息子に譲りました。ただ、譲ったあともなにかとやることがありまして、それで週に何度か、会社に出ていたんです」

彼女が抱え込んだのは、役員退職金のトラブルだった。

退職金は税務上の優遇が受けられる。会社側としては、退職金を支払うことによって会社の資産が減るため、株価が下がり、事業承継の税金が安くなる。

税制の点から考えると、会社は退職金を不当に多く払うことによって贈与税を減らすことが可能なため、その額が妥当だったかどうかを厳しく見る。

また、単に資産を減らすための退職金ではないことを確認するうえで、退職した人が実際に退職しているかどうかも厳しく見る。

彼女の退職金は６０００万円だったそうだ。彼女の役職と功績を見る限り高くはない。

しかし、退職したにもかかわらず出社して仕事を手伝っていたこと。そこで引っ掛かった。

退職していない人が退職金を受け取り、会社の資産を減らして事業承継の贈与税を安くしようとした。当局はそう考え、否認したわけだ。税務否認は、事業承継で最も避けなければならないトラブルの一つだ。

「それで、こういうときはどうすればいいのでしょうか」彼女が不安そうな顔で聞いた。

「否認された以上、社長は退職していなかったということになります。実際、出社して仕事を手伝っていたわけですので、否認されても仕方がないと思います」

「そうですか。今さらですが、フォーラムで谷さんがおっしゃっていた『焦らず、正しく事業承継しましょう』という言葉が身に染みています……」

そう言うと彼女はうなだれてしまった。

苦労しながら、夫と二人で会社を育ててきた。数十年にわたる経営者人生の締め括りが事業承継である。ようやく出口が見えたのに、最後の最後でつまずいた。そのことに相当なショックを受けたのだろう。

私は思い切って、気になっていたことを聞いてみることにした。

「社長、もしかして最初から退職する気がなかったのではないですか？」

「いいえ、退職したいとは思っていました。ただ、実際のところ、息子に経営を任せるのは不安で、私がやらなければならないこともありますし……」

「そういう実態があることを知りつつ、退職したことにして、事業を譲ろうと決めたのですね」

「……はい。会社がこれから成長していくと、そのぶんだけ株価が上がります。成長はうれしいことですが、後継者となる息子の税負担も増えていきます。それなら、今のうちに事業を譲ってしまったほうがいいだろうと、そんなふうに考えたのです」

「そうですか」

彼女自身の力でそこまで考えるのは難しい。おそらく周りの誰かが「事業承継を急いだほうがいい」「退職金を取れば、さらに節税になる」といったことを教えたのだろう。

「退職金を受け取るなら、退職しなければなりません。そういう話は事業承継を担当した税理士や銀行から説明がなかったのでしょうか」

「ありました。ありましたが、現実としては……」

「当時の担当者には連絡しましたか？」

「はい。ただ、担当していただいた方が異動になっていて……」

「彼らは転勤していきますものね……。退職について、今はどのようにお考えなのですか？」

「正直に言いますと、まだ退職できないと思っています」

「退職できない理由は、息子さんの経営に不安があるからですか？」

「はい。徐々に任せていきたいとは思っていますが、現状では、少なくともあと数年は私が現場に出て指揮を執らなければならないと思っています」

「そうですか。幸いなことに、まだ株の贈与はされていません。株の贈与をしていれば、高い株価で贈与税を計算し直して支払う必要がありますから。今からまた対策をして、自社株の贈与は進めていかれたらいいかと思います。役に立つか分かりませんが、息子さんの経営に目を光らせつつ、事業を息子さんに譲り渡していくための方法をお教えします」

「そんな方法があるのですか？」

「ええ。方法は2つあります。1つは、種類株式という株を使い、事業承継する方法。もう1つは、持株会社となる新たな会社を作り、ホールディングス化によって事業承継する方法です」

「教えてください、お願いします」彼女はそう言って頭を下げた。

「黄金株」「持株会社」で経営を管理する

株を贈与する直前に当局の調査が入ったことが幸いだった。株が贈与されてしまったあとでは、時すでに遅しで持ち戻しは不可能だった。しかし、まだ打てる策はある。

私はまず種類株式を使う事業承継について説明した。

種類株式は、あらかじめ条件を設定することによって、配当額や議決権などを制限したり変更したりした株のことだ。

種類株式は9種類ある。そのうちの1つが拒否権付種類株式という株で、これを1株持つことにより、経営や株主総会の議案を否決できる権限をもつことができる。

「例えば、息子さんが新社長となり、会社を売却しようと考えたとします。社長がその案に反対だった場合、拒否権付種類株式を持っていれば、議案を否決することができます」

「なるほど。かなり強い権限ですね」そう言うと、彼女は熱心にメモを取り始めた。

「通常は株の3分の2を持つ必要がありますが、拒否権付種類株式は1株持っているだけで議案を拒否できます。かなり力がある株なので『黄金株』とも呼ばれています」

「息子の経営に多少の不安があっても、この株を持つことで、そのほかの自社株は先立って譲ることができるわけですね」

「はい。黄金株を1株だけ残しますが、残りの株は息子さんが持ちますので、実質的な経営判断は息子さんが行うことになります。肝心なところで拒否できる権利をもっていれば、日々、会社に行く必要もありません。会社を譲るのであれば、多少の紆余曲折はあるかもしれませんが、息子さんに舵を取らせてみることも大事だと思います」

「なるほど。確かに、いつまでも私が現場に立つことはできませんからね。いい方法を知りました」

次に、ホールディングス化による事業承継について説明した。

詳細はCASE2で触れたとおりで、まずは持株会社となる新しい会社を作り、既存の会社は事業会社にする。そして、事業会社の株は後継者に譲り、彼女は持株会社の株を持つ。

「新しい会社が既存の会社の100％親会社となるわけですね」

「そうです。この形にすることで、社長は持株会社（ホールディングス）の株主という立場から、事業会社の動向に目を光らせることができます」

「そういう方法もあったのですか」彼女は感心しながら話を聞いていた。

「今後、どちらかの方法で事業承継をすると決めたときは、また連絡してください。『役立つ士業協議会』には百戦錬磨の税理士や弁護士がいます。力になれることがあるはずです」

「願ってもいなかった提案です。本当に、ありがとうございます」彼女はそう言うと、メモを鞄にしまい、帰って行った。

喫茶店で私を待っていたときの彼女は、不安に押しつぶされそうになっていた。

税務否認という緊急事態に陥り、悩みに悩み、困りに困って、絶望に打ちのめされていたといってもいいだろう。

しかし、話をしているうちに、少しだが笑顔に変わった。

そのような変化を見るたびに「役立つ士業協議会」を立ち上げて本当に良かったと思う。種類株式を使った事業承継案などは、事業承継に詳しい専門家にしか思いつかないことだ。社長に寄り添い、意向を確認し、そのうえで専門的な知見と経験があるからこそ、解決できる課題がある。彼女のケースは、特にそう感じる一件だった。

解説

一歩身を引くという愛情

このケースは、退職金をめぐるトラブルです。

退職金は、言葉のとおり、退職する人が退職することを条件として受け取るお金です。退職金を受け取るからには、社長は会社を辞めなければなりません。きちんと経営から退く必要がありますし、当然ながら、そのための準備として後継者育成と事業承継を準備しておくことが大事です。

社長を退任し、代表権をもたない会長のような名誉職に就くのであれば、「出社回数を減らす」「経営に口出ししない」「金融機関との取引に顔を出さない」といった点に注意しながら、会社との付き合い方を考える必要があります。当局が退職しているとみなす要件を満たしていなければ、このケースで紹介した社長のように、退職金が税務否認され、事業承継を一からやり直すことになる可能性は格段に上がるのです。

一方で、社長が「退職後も会社を見守りたい」「近くで成長を見ていたい」と考えることも多いだろうと思います。その気持ちはよく分かります。創業社長は特に、自分で作り、育ててきた会社ですので、より強くそう思うことでしょう。

そのような場合は、黄金株（拒否権付種類株式）やホールディングスの活用を検討してみましょう。

いずれの場合も、実質的な経営は後継者に任せることになります。しかし、後継者が暴走したり大きな間違いを犯しそうになったりしているときには、黄金株やホールディングスの株を通じて、会社、社員、社員の家族、そして後継者を守ることができます。

黄金株やホールディングスの株を持って引退することについて「後継者が経営に口を出されると警戒するのでは」と心配する社長もいます。

確かに、その可能性はあります。しかし、それはある程度は仕方がないことです。キャリアや経験などあらゆる面で、先代のほうが後継者よりも経営能力が優れていることが多いでしょう。

いきなり経営を任せるのは不安ですし、リスクを伴います。その対策となるのが黄金株やホールディングス化であり、後継者の成長を見守りつつ、自分は一歩ずつ現場から身を引いていくことが大事なのです。

ちなみに、後継者の警戒心を和らげるためには、伝え方も重要です。

「自分は黄金株を持つので、いつでも拒否できる」

「ホールディングスの株を持つことで、いつでも口出しできる」

そのような伝え方をすれば、当然、後継者は反発します。

その点を踏まえたうえで、「本当は全株贈与したいが、経験不足のせいで迷うことがあるかもしれない。そのときに最強のアドバイザー役として力を貸したいので、黄金株・ホールディングスの株を持っておく」といった伝え方をするといいでしょう。

株を通じて目を光らせるという点は同じですが、伝え方で印象は変わります。そのような配慮も事業承継を円滑にするために重要なポイントです。

このケースとは別の例で、後継者となった息子が暴走し、株を譲り受けてすぐに自分のやりたいように会社を仕切り出したケースがありました。

先代である親と後継者となった息子は以前から仲が悪く、経営方針でぶつかることもしょっちゅうでした。

ただ、いずれ先代が経営を退き、息子が後継者となることは決まっていましたので、息子は粛々とそのときを待ち、株を手にした途端に自分のやり方で経営を始めたのです。

結果、社員は先代のシンパが多かったため、新社長となった息子は社内の統制力を急速に失いました。取引先の多くも先代の人脈で築いていたものだったため、息子のやり方に不満を感じ、次々に離れていきました。後継者の強引でわがままな経営により、会社そのものが分裂の危機に陥ることになったのです。

このような事態も、先代が黄金株を1株持っているだけで防ぐことができます。

次世代にバトンを渡すことは大事ですが、後継者が人間的にも能力的にも未熟であると感じる場合は、一気に経営を譲るのではなく、黄金株を持ち、会社を見守りながら譲っていくことが大事なのです。

専門家目線で最適な手段を選ぶ

黄金株もホールディングス化も、後継者の暴走を抑制しつつ、会社の成長を見守ることができるという点では同じです。

ただし、最善の方法を選ぶためには、会社の状況、後継者の能力、親子関係の良し悪し、社員や取引先との関係性などを踏まえる必要があります。

そのためには、銀行などが主導するパターン化した事業承継では不十分でしょう。

事業承継は、相続、税金、法律、不動産や保険などあらゆる要素を含むため、各分野で専門知識をもつ人から幅広いサポートを受けることも大事です。

「役立つ士業協議会」はその役目を果たせる組織だと自負していますが、我々に限らずとも、複数の視点からアドバイスをもらいながら、最善の方法を見つけ出していく取り組みが不可欠だと思います。

後継者も黄金株を活用できる

黄金株について、最後にもう一つ書き加えておきます。

黄金株は、事業承継を進めたい後継者側にとっても有効な武器になります。

「まだまだ会社は譲れない」と考え、第一線で頑張る社長はたくさんいます。

それ自体は良いことかもしれませんが、高齢になれば判断力が低下するでしょうし、今の時代の価値観や、若い人たちの考え方と合わなくなっていくと、会社にとってはマイナスになります。

税制の面で見ても、会社がこれから成長していくのであれば、株価が安いときに株を譲り受けたほうが贈与税負担は小さくなります。贈与税は後継者が負担しますから、後継者が「株の贈与を急いでほしい」と考えるのは自然なことです。

ただし、いきなり「株をください」と切り出してももめるだけです。

では、黄金株を1株持ってもらい、残りの株を贈与してもらうという提案ならどうでしょうか。

「自分が経営判断を間違えそうなときに、黄金株を持つ先代に止めてもらいたい」

「黄金株を持つ先代に見守られながら、経営者としての第一歩を踏み出したい」

そのような姿勢で話をしていけば、事業承継が円満に進みやすくなるだろうと思います。

「役立つ士業協議会」のフォーラムや、フォーラム後の相談会には、後継者となる未来の社長が参加することもあります。

事業承継が家族内トラブルになるのを防ぐために、経営者だけでなく、後継者も事業承継に関心をもつことが大事です。

CASE 4 ▶【保険活用編】

「若いから大丈夫」と思い込み、後継者の急逝で遺族に多額の相続税負担が発生

あらすじ

事業承継は「株を譲って終わり」と思っている人がいます。

しかし、それは誤解です。

自社株の移転は株価対策（譲渡時にかかる税金を考慮して、株価をきちんと把握・計算すること）を意識してタイミングを考えることが重要です。また、株を移転したあとについても、事業を問題なく継続できるように、後継者と経営方針などを共有し、会社が安定的に成長していくための道筋をつけておくことが大事です。

また、親から子どもに株が渡ったあとも会社は継続していきます。子どもが譲り受けた株は、孫へ、ひ孫へと受け継がれていくでしょう。

そう考えれば、「親から子への事業承継（株の移転）」は、経営の責任と納税の義務を親から子どもに移動させただけともいえます。

ここが多くの経営者が気づかない落とし穴です。

親は「事業承継が終わって安心」と思うかもしれませんが、落ちついている余裕などありません。

親の肩の荷は下りましたが、その荷は今、子どもの肩に乗っかっています。リスクそのものが消えたわけではなく、家族のなかでパスしただけのことなのです。

株を譲り受けた人（子や孫）に万一のことが起きれば、その人の相続人（株を譲り受けた人の家族）が相続税という大きな負担を抱えます。相続人となる妻や子どもは事業や経営について分からない場合が多く、株を譲った元経営者と相続人となった遺族との間で、自社株にまつわるトラブルが起こることもあります。

株の移転では、このようなリスクまできちんと把握したうえで、万一のことを想定した対策や保障を考える必要があります。

また、株を譲る人も譲り受ける人も、自分の力でリスク対策することが難しい場合は、株の移転に伴うリスクを正しく理解したうえで、アドバイスを受けられる人を見つけることが重要です。その準備をしているかどうかで、会社の将来が変わるのだと肝に銘じてください。

このケースは、事業を引き継いだばかりの若い後継者が急逝した悲劇の話です。

「まだ若いから大丈夫」

「もう少ししたら考えよう」

そんなふうに思っていた矢先、後継者が急逝し、自社株を相続した後継者の遺族が多額の相続税を納税することになってしまったのです。

このようなトラブルは特殊ではありません。私が過去30年くらいにわたって事業承継の支援をしてきたなかで、すぐに思い出せるものだけでも3例あります。

備えあれば憂いなしといいます。実際にどのように準備すればいいのか。このケースをヒントに考えてみてください。

オーナーの急逝

後継者の急逝は他人事ではない。そう思い知らされる出来事が起こってしまった。

きっかけは、不動産会社を経営している知人から聞いた噂話だった。

「京都に本社があるイタリアンのチェーン店で、ほら、去年の夏に先代から会社の株を全部引き継いだ若い社長がいただろう」彼が言う。

「知っています。京都店ができて間もないころ、お店にうかがって先代と会ったことがあります。新たなオーナーになった息子さんとも、1年くらい前に地域の会合で一度会ったことがありました」

「そう、その親子のことなんだけどな、あのオーナーシェフ、事故で亡くなったって知ってたか？」

「え？　お父さんが？　それとも、まさか息子さん……？」

「そのまさかなんだよ。新オーナーになってすぐ、事故に遭ったらしい」

言葉を失った。

記憶をたどってオーナーの顔を思い出す。確か40歳くらいだったのではないか。声が低く、客商売ということもあってか愛想が良く、物腰が柔らかい男性だった。

「一度、お店にうかがったことがあります。とてもおいしくて、感動しました」会合で会った新オーナーにそう伝えると、彼はうれしそうに笑った。

「そうですか。ありがとうございます」

新オーナーはそう言って私が渡した名刺を確認した。

「NPO法人、ですか。どんなことをなさっているのですか？」

「もともとJUST FOR YOUという中小企業の財務と保険のコンサルティング会社の代表をしていたのですが、今は『役立つ士業協議会』というNPO法人を立ち上げて、二社で中小企業の事業承継をサポートしています」

「そうですか。保険と事業承継を両方相談できるなら、もう少し早く谷さんに会っていたらよかったなあ」

「保険を検討する機会があったのですか？」

「ええ。実は先日、父から会社を引き継いだんです。父が持っていた株を譲り受けましてね。そのときに、保険に入ったほうがいいかなと検討してみたんです。肩書きとして、一応、社長になりましたが、妻は仕事にノータッチですし、うちはまだ子どもが小さいので、家族のためにも会社のためにも、加入したほうがいいのかな、と思いまして」

「そうでしたか」

「ただ、事業承継だけでもいろいろと手続きが大変で、実際にはまだ加入していません。それに……」

「それに？」

「少し資料を取り寄せて比べてみたのですが、よく分からなくて……。焦って不要な保険に入ってもいけませんので、店が少し落ちついたところで、じっくり考えてみようと思っているんです。なにしろ、まだ会社を継いで1カ月です。覚えることだらけですし、今日もこうして、挨拶回りですし」そう言ってオーナーは笑った。

「事業を引き継ぐと忙しくなるでしょうね。ただ、保険には早めに入るようにしてくださいね」

「はい」

「ところで、お父さまはどういった理由で株を移されたのですか？」

「もともと、なるべく早く移そうという話はあったんです。父は年を取るにつれて第一線から離れていきます。私が後継者として責任をもって店を切り盛りしていくうえでも、事業承継は早いほうがいいだろうと、そんな話をしていました。それで、父が70歳になったのを機に、株を譲り受けることにしたんです」

「よく分かります。事業承継は先代が元気なうちに検討したいですよね」

「はい。今は手続きが終わって、とりあえずホッとしているところです」

オーナーはそう言って笑った。

無粋かなと思ったが、私は一つアドバイスを伝えた。

「差し出がましいかもしれませんが……」

「なんでしょうか。ぜひ、谷さんのような専門家の意見を聞かせてください」

「株の移転で事業は次の経営者に移ります。先代は無事に会社を受け渡したことで肩の荷が下りたと感じるでしょうし、後継者となる方のやる気も高まるだろうと思います」

「そうですね。実際、事業承継が済んで、父も私も一安心です」

「ただ、相続税という点から見ると、相続税を納める義務が次の世代に移っただけともいえます」

「というと？」

「先代が株を持っていたときは、先代の子どもであるオーナーが多額の相続税を納税するかもしれないリスクを背負っていました。今は株が移転したことで、そのリスクがオーナーの家族に移っています」

「つまり、私の妻、ですね」

「はい、奥さまとお子さまです。仮にオーナーがこれから30年間株を持つとすると、奥さまとお子さまも30年にわたって多額の相続税を納めるかもしれないリスクを背負うことになるのです」

「なるほど……」

「万が一、本当に万が一のことですが、オーナーに何かあったときは奥さまとお子さまが株を相続します。そこで相続税が発生します」

「そのための備えとして、保険はやっぱり必要なのですね」

「そう思います。すみません、こういう場にはふさわしくない話題でしたね」

「いいえ、そんなことありません。目の前のことに忙しくて、そこまで気が回っていませんでした」

「忙しいとは思いますが、株を持ったリスクについて考えてみてください。私で協力できることがあれば、なんでも相談に乗りますので」

「ありがとうございます。何人か保険の営業の人から話を聞きましたが、そのようなリスクを指摘してくれたのは谷さんだけです。保険選びで迷ったら、JUST FOR YOUさんに連絡します」

オーナーはそう言って去っていった。

残された家族への「ラストラブレター」

後継者の急逝は他人事ではない。私自身、そのことをよく知っている。

私の父は中小企業を営んでいた。経営者だった父は、最終的には旅館を経営していたが、それ以前もいくつかの事業を手掛けた。

父はもともと地主の家の三男として生まれたが、地主の仕事を嫌っていた。

「ちょこちょこと集金して回る細かい仕事なんかしたくない」

生前、母にはそんなふうに言っていたらしい。どのあたりを細かく感じたのかは分からないが、それが父の価値観だったのだから仕方ない。

母によれば、当時は代々の土地を守るために、次男以下が養子に出ることも多かったのだという。それもきっと嫌だったのだろう。

「苦労してでも自分で何かを始める」

そういった気骨のある人だった。その性格は多少は私にも遺伝しているかもしれない。

私がJUST FOR YOUを立ち上げたのも、信頼できる税理士や弁護士と「役立つ士業協議会」を設立したのも、自力で何かを生み出す価値を父の背中から感じ取ったからだろうと思う。

その私の父が急逝したのは、私が社会人になって間もなくのことだった。

旅館を改装し、そのために大きな借金もして、「さあ、これから」というときだった。

さぞかし無念だったと思う。

父の急逝は、とてつもなく悲しい出来事であったとともに、父の愛情を改めて実感した出来事でもあった。父が極端に嫌がったのは、家族にお金で苦労させることだった。

「あっちゃんが困るようなことがあったらいかん」

事あるごとに父が母にそう言っていたという。あっちゃんとは谷　敦、私のことだ。

そのため、自分に万一のことがあっても家族がお金に困ることがないようにと、私たちを受取人にした生命保険に入っていてくれた。

このとき、私は父の愛を実感した。同時に、保険がすばらしい仕組みであると分かり、保険の役割、重要性、そして、温かさを知った。

生命保険は、愛する人への深い思いを形にできる人類の英知の結集だ。大切な人に届ける最後の愛情でもある。

イギリスでは、生命保険証券のことを「ラストラブレター」と呼ぶ。父の保険は、まさにそれだった。

それから間もなくして、私は「ラストラブレターを書く経営者たちの力になろう」と決心し、この業界に飛び込んだ。気づけば、30年以上が経っていた。

父に限らずだが、中小企業の創業社長は責任感が強い人が多い。家族、社員、会社のことを考えて、日々、仕事に取り組んでいる。

その思いを保険によって具現化し、アドバイスするのが私たちJUST FOR YOUの使命だ。

生命保険未加入がもたらした悲劇

新オーナーについての悲報は、再び知人の不動産屋の彼から教えてもらった。

ショックだったのは、新オーナーの死が噂ではなく事実だったということだ。

さらにショックだったのは、生命保険に加入していなかったため、遺族となった新オーナーの妻が多額の相続税を抱えていると聞いたことだ。

「もともと奥さんは経営に関与していなかったようだ。ただ、株の相続があり、多額の税金が発生した。そのことが原因で先代と仲がこじれたようなんだ」

不動産屋の彼の話を聞きながら、奥さんの胸中を案じ、子どもたちのことを案じた。

そして、愛する家族を残してこの世を去ることになった新オーナーの無念さを想像し、胸が押しつぶされそうな感覚に見舞われた。

きっと私は、保険を通じて知り合う社長たちと父をどこか重ねながら見ている。どの社長であれ、訃報は悲しい。しかし、そのなかでも新オーナーの訃報が特に悲しく感じたのは、父と雰囲気が似ていたからかもしれない。

笑顔からにじみ出る優しさが父と似ていた。二人とも客商売だったし、体型もどことなく似ていた。そして、あまりにも早く、突然の他界であったことも。

「少し資料を取り寄せて比べてみたのですが、よく分からなくて……」

「保険選びで迷ったら、JUST FOR YOUさんに連絡します」

オーナーの言葉を思い出していた。

せめて私がもう少し早く提案に行っていれば……。

オーナーからの連絡を待つのではなく、私からオーナーに連絡をしていれば……。そう思う気持ちが込み上げてくる。

過去は変えられない。時間は戻せない。分かってはいたが、悔しさともどかしさに耐えるので精一杯だった。

以来、私は後継者が株を譲り受けた瞬間から、株を持つことのリスクについて話をしている。

株の移転は、経営権の移転であり、リスクの移転でもある。そのことをきちんと伝えることで、同じような悲劇は減らせると信じている。

「事実は小説よりも奇なり、とはいうけど、人生、何があるか分からない」不動産屋の彼が嘆くように呟く。

「そうですね」

「中小企業の経営者は忙しい。だから、自分の死とか、死んだら誰が相続税を払うのかとか、そういうことはあまり考えないんだろうなあ」

「ええ。それが現実かもしれません」

「しかし、オーナーのような話を聞くとさ、万一のことは考えなければいけないし、準備もしなければならない。改めてそう思うよ」

「これからも定期的に保障内容を見直しましょうね」

「おう、引き続き頼むよ。じゃあ、またな」そう言って不動産屋は帰っていった。

解説

生命保険に「まだ」はない

「自分はまだ若い。だから、保険はあとで考えればいい」そう思ってしまったことがすべての始まりでした。

オーナー本人だけではありません。オーナーに株を譲った先代も、オーナーの奥さんも、この悲劇に関わった人たち全員が「まだ若い」「若いから大丈夫」という意識を少なからずもっていました。

若い人ほど「死は自分と遠いもの」と感じます。実際、死亡率は年齢と比例しますし、平均年齢から考えても、40代、50代で自分の死を考えている人は少ないと思います。

しかし、万一のことは誰にでも起きる可能性があります。

事業承継では、そこに目を向けることが大事なのです。

万一のことによって相続が発生したとき、遺族が多額の相続税を負担することになるのはあらかじめ分かっています。

その対策として、最も身近なのが生命保険です。このケースのように株の移転で後継者の家族にリスクが移る場合、多額の納税資金を貯蓄で備えるのには時間がかかりますが、保険であれば加入してすぐに対策できます。

自分がこれから会社を受け継ぐのであれば、そのタイミングで、自分や自分の家族がどのようなリスクを抱えるか考えてみてください。

自分がこれから会社を譲る経営者の立場であれば、自分が今まで抱えていたリスクが、そのまま後継者に移ることを意識してみてください。重要なのは、株を持つ人の急逝によって多額の相続税が発生するリスクにきちんと対策することです。

後継者は、自分に万一のことがあったときでも、家族を守れるような仕組みを作る必要があります。それが経営者になる人の責任だと思います。

事業を譲る経営者は、後継者とその家族が納税などのリスクを抱えないように、アドバイスし、支援します。そこまで丁寧に行って、ようやく事業承継は完了するのです。

一歩踏み込んだ対策が必要

経営者向けの生命保険というと、保険料掛け捨ての定期保険を想像する人が多いと思いますが、ほかにも選択肢はあります。

例えば、掛け捨てではなく貯蓄型の終身保険を使うことができます。JUST FOR YOUも、後継者の方々の万一の備えとして、終身保険を勧めることがよくあります。

貯蓄型なら預金と同じと思うかもしれませんが、銀行の預金で用意できるのは、貯めたぶんだけです。つまり、貯め始めたばかりのときは残高が少ないため、そのときに万一のことが起きると、必要なお金が用意できないのです。

その点、お金の預け先を保険に変えておけば、貯蓄をしながら万一の備えもできます。万一のときには、その時点でいくら保険料を支払ったかに関係なく、契約時に設定した死亡保険金を即日、キャッシュで受け取ることができます。それを納税資金に充て、経済的に困窮してしまうリスクに対応できるのです。

また、万一のことに見舞われず無事に退職時期を迎えられれば、終身保険が預金としての役割を果たしますので、貯めてきたお金を退職金の原資にするなど、会社としてさまざまな支出に使うことができます。

このような対策を行っていくためには、事業承継について分かっている保険の専門家に相談するのがいいでしょう。

生命保険は、仕組みそのものはすばらしいものなのですが、商品選びが難しいという課題があります。

また、事業承継が関係する場合は、相続税や法律の知見を踏まえたうえで、保障額を考え、商品選びを進めていく必要があります。

事業承継における保険活用では、どの商品を選ぶかも大事ですが、それ以上に、自分と家族が抱えるリスクについて親身になって考えてくれる、良い保険代理店や良い保険営業と出会うことが大事なのです。

CASE 5 ▶【種類株式編】

届かなかったラストラブレター。
遺族を守るにはさらなる手立てが必要

あらすじ

事業承継は、株の移転によって完了します。

しかし、そのときに新たなリスクが発生しています。それは、株を移転された後継者が亡くなったときに、その株を相続する人が多額の相続税を納めることになるかもしれないというリスクです。

相続税の負担が大きければ、納税資金のために遺族が借金をしたり、家などの資産を売却することになるかもしれません。

株を持つ経営者は、このリスクに注意しなければなりません。

自分の死について考えるのは誰でも嫌なものですが、リスクを放置することにより、やがて相続人となる人の生活が台無しになることもあるのです。

生命保険はそのリスク対策になります。経営者が亡くなり、自社株を相続した人に多額の相続税が発生したとしても、保険金が受け取れれば納税の財源が確保できます。

しかし、だからといって「保険に入れば大丈夫」というわけではありません。

このケースでは、遺族になった妻が保険金を受け取れず、多額の相続税負担を抱えることになった事例を紹介します。

保険でカバーできないリスクはないか。

もしあるとしたら、どんな手段で対策すればいいか。

遺族の生活を守るために、経営者ができること、検討してみたほうがいい手段について見てみましょう。

保険のみで経営者を守り切れるか

JUST FOR YOUを設立して、数年が経った頃のことだ。

経営者を守る。経営者の家族を守る。それだけを考えて、保険を活用するリスク対策や事業承継の方法を数々の社長に伝えてきた。

思いというものは、熱ければ熱いほど相手に伝わる。

「谷さんがそこまで言うなら、保険について検討してみるか」

そんなふうに考え、契約してくれる社長が増えていった。

「自分が倒れる可能性なんて、ほとんど考えたことがなかったよ。リスクを指摘してくれてありがとう」

そんなふうに感謝していただけることもあった。

JUST FOR YOUが預かる保険が徐々に増えていく。相談に来る社長が増えていく。

それももちろんうれしいことだったが、保険や事業承継について真剣に考える社長が増えていくことがうれしかった。

今思えば、あの頃の私は自信過剰だったのかもしれない。

「保険で経営者と経営者の家族を守る」という使命が「保険さえあれば守れる」という過信に変わりつつあった。

そのことに気づいたのは、ある話を聞いたことがきっかけだった。

保険金が受け取れない?

その日、私は地域の会合に出席していた。保険代理店の経営者、税理士事務所の代表、弁護士などが集う会だった。

JUST FOR YOUは経営者向けの保険を中心に扱っているため、保険契約の過程で税理士などに協力を依頼することがある。逆に、保険を必要としている会社の税理士から、保険の相談を受けることもある。

そのような人脈を広げていくうえで、このような会は重要であったし、業種や業界を問わず、さまざまな情報を交換する場としても貴重だった。

「谷さん、久しぶり。元気にしていましたか?」

そう言いながら、笑顔で近づいて来たのは税理士事務所を構えている税理士だった。

彼とはJUST FOR YOUを設立する前から付き合いがあり、このような会合でもよく顔を合わせた。税理士は経営の現場を見ているため、リアルで生々しい話を知っている。

話のネタは、明るい話のときもあれば、暗く、鬱々とした気分になる話のときもある。

この日聞いた話は、後者だった。

「そういえば、また一つ、悲しい出来事がありましてね」ふと思い出したように彼が言う。

「どんなことですか？」

「保険が絡む話なので、谷さんに会ったら伝えようと思っていたんです」

「ぜひ教えてください」

「知り合いから聞いた話なのですが、とある会社でね、社長が病気で亡くなったんです」

「そうですか……」

「まあ、寿命ばかりは分かりませんからね。それで、会社で社長に生命保険をかけていたのですが、その保険金が社長の奥さんに渡らず、会社の運転資金になってしまったんです」

「運転資金、ですか」

話が読めなかった。

会社は社長に保険をかけていた。その判断をしたのはおそらく社長自身だろう。自分に万一のことがあった場合、手持ちの自社株は遺族である妻や子どもが相続する。そのときに、多額の相続税が発生することがある。

その対策として生命保険に加入する人は多い。亡くなった社長もそのパターンだろうと思った。生命保険は、遺された人に贈るラストラブレターなのだ。

通常であれば、遺族が株を相続し、相続税は保険金でカバーする。しかし、保険金が遺族に渡らなかったとすれば、妻が多額の相続税を納めることになる。

「その奥さまが保険金を受け取れなかったとすれば、当面の生活費とか相続税とか、経済的な負担が大きくなりますね」

「まさにそのパターンだったようです。亡くなった社長が持っていた自社株は奥さんが相続し、多額の相続税が発生しました。しかし、納税資金となるはずだった保険金が会社の運転資金になってしまったため、経済的に立ちいかなくなったという話なんです」

「そうですか……。でも、どうして？」

「簡単にいうと、社長にかけていた生命保険の保険金を、遺族である奥さんに渡すというような規程を作っていなかったのです」

彼の話を聞き、ようやく話が読めた。

会社で経営者向けの保険を契約した場合、死亡保障金は契約者である会社に支払われ、その後、死亡退職金や弔慰金として遺族に支給される。

金額は会社によって違い、その額によって加入する保険も変わる。例えば、経営者が死亡した場合は、役員報酬の3年分を遺族に支給するといったことや、誰が保険金を受け取るかをあらかじめ決める。

配偶者がいれば配偶者に支給、配偶者がいなければ、子ども、父母、孫、祖父母、兄弟姉妹などの順で支給するといったことを決めておく。この流れは社長以外の役員についても同じだ。

ちなみに、保険をかけていた役員などが死亡することなく無事に任期を勤め終えることもある。実際にはそのほうが多いだろう。

その場合は保険の受取人の名義を会社から当人に移して退職金として渡したり、解約したりして退職金にすることができる。もちろん、それもあらかじめ決めておく。

このような規程を作っておくことにより、オーナー、社長、役員などの重役が死亡したときの社内的な手続きがスムーズになる。遺族の手に一定のお金が渡るまでの流れもスムーズになる。

しかし、社長の会社は、このような規程を作っていなかった。そのため、保険金を受け取った会社が「これは会社が契約した保険で、会社が受け取ったお金だ」と判断し、運転資金に使うことになったのだ。

社長が亡くなって、会社は経営が苦しくなったのかもしれない。

中小企業は経営の舵取りから取引先の開拓に至るまで、あらゆる面で社長の影響力が大きい。社長の力が大きいということは、社長が倒れたり死亡したりしたときのリスクも大きいということだ。万一のことがあると一気に経営が傾き、会社は船頭を失った船のようになってしまう可能性がある。

生命保険は、そのリスク対策にも活用されている。経営が苦しくなっても、多少の保険金が確保できれば、当面の運転資金となり、経営を立て直せる。経営を引き継いだ新たな社長は、そう考えて保険金を運転資金に回すことにしたのだろう。

税理士の彼によれば、新たな社長は亡くなった社長の弟だという。

つまり、保険金を義姉には渡さず、会社のために使うと決めたのは、亡くなった社長の実の弟だということだ。

「制度としては運転資金に使える状態になっていたとしても、兄弟なのに冷た過ぎませんか」

私は込み上げてくる怒りと悲しさを抑えながら、彼にそう言った。

「僕もそう思います。しかし、規程がない以上、仕方がありません。それに……」

「それに？」

「亡くなった社長と今の社長は兄弟ですが、遺族となった社長の奥さんは、弟から見れば他人ですからね」

「でも、義理の姉でしょう？」

「そう。『義理』なんです。義理の姉で、血のつながった姉弟ではありません。弟にも自分の家族がいるでしょうから、義姉を思う気持ちはあるでしょうし、あってほしいと切に願うのですが、優先順位としては、どうしても後回しになるのだと思います」

税理士の彼がそう言うと、私は頷かざるを得なかった。

「亡くなった社長の奥さんは、今どうしているのでしょうね」

「それもあまり気分がいい話じゃないのですが、当時住んでいた家も会社が所有する家だったようで、しばらくして引っ越していったらしいです」

「そんな……」

「まあ、奥さんとしても義理の家族の近くにはいたくなかっただろうとは思いますがね」

「そうでしょうね」

「保険は奥が深いですよ。奥が深いというか、落ちたときの落とし穴が深いというか。税務もいろいろと落とし穴がありますが、命が関わっているぶんだけ、保険の落とし穴は怖いですよ」

税理士の彼が嘆くようにして呟いた。

そのとおりだと思った。

保険は命を扱う。当人だけでなく家族の人生にまで影響する。どこかで一つ歯車がずれるだけで、ラストラブレターが届かなくなる。そんなことがあってはいけない。

自分の仕事の重要性と責任を改めて実感した。

「保険に入れば大丈夫」ではない

10年来の友人で、相続や事業承継に詳しい弁護士と会ったのは、それから1カ月後のことだった。会社の近くの居酒屋で会い、お互いの近況を報告した。

私にとっての近況は、もちろん、あの社長と奥さんの件だった。

「悲しい話だなあ」弁護士がしみじみと言う。

弁護士である彼は、保険、相続、事業承継などのあらゆる分野でさまざまな悲しい事件を見てきている。その彼が「悲しい」と言うのだから、これは悲しいトラブルなのだ。

「ええ。規程がない。作っていない。たったそれだけのことで会社も家も失ってしまうなんて……。ただでさえ、夫を失ってつらいというのに、悲し過ぎますよ」

「まあ、そう落ち込むなよ。この件は谷さんのせいじゃない」

「そうですね。ただ、なぜ規程を作らなかったのか、『規程を作ろう』と言う人はいなかったのか。保険契約を担当した営業は何をしていたのか……。なんだか、いろんな不満と疑問が湧いてしまって」

「世の中には『保険に入れば大丈夫』と思っている社長が多いんだろうな」

「そうですね。相談を受けたり経営者向けの保険を提案したりするときに、社長がどれくらい保険を理解しているか確認しないといけないですよね。ラストラブレターを書く手伝いだけではなく、きちんと届くように手配しないと」

「そこまで親身になってくれる保険営業がいない。それが実態なんだろうね。だから、こういうことが起きてしまうんだ」

弁護士の言葉が身に染みた。

「親身になる、という話でふと思い出したのですが、アメリカの保険営業って、親身になって話を聞くんです。お客さんにも家計や人生設計のコンサルタントとして見られているところがあるんですよ」

「へえ、そうなのか」

「はい。前職の保険会社のときにＭＤＲＴ（Million Dollar Round Table）という世界中の生命保険・金融の専門家が所属する組織のアメリカ研修に参加して、アメリカの保険営業は、知識量から気遣いから、あらゆる面でレベルが高いと感じました。社会的地位も高いですし、金融業界のなかでは憧れの職業の一つに挙がるくらいなんです」

実際、日本の保険営業は「なんだ保険屋か」と煙たがられることが多い。親身になって提案したいと思っても、つい一歩引いてしまう営業が多いのは、「なんだ保険屋か」と言われることに少なからず恐怖心や抵抗感があるからだろう。

一方、アメリカは逆で、お客さんが保険営業を信頼し、保険のことはもちろん、家計、投資、運用などについてもお客さんのほうから相談に来る。

「日本の保険営業とはずいぶん扱いが違うね」弁護士はそう言い、笑った。

「ええ。お客さんのことを大事に思うから、自助努力する。保険だけでなく、税金や法律など、あらゆることを学ぶ。その努力が能力に変わり、尊敬される。そういう良いサイクルがあるんです」

「谷さんも、そういう仕事をしたいと思って、独立したんだろう？」

「そうです。お客さんにもっと寄り添う。経営者と家族を守るために全身全霊で支援する。そのためのプロ集団を作ろうと思ってJUST FOR YOUを設立したんです。でも……」

「でも？」

「今回の話を聞いて、保険にできることには限界があるのかなと感じました」

「そんなことはないさ。谷さんが諦めたら、その社長や社長の奥さんみたいな状態に陥る人がこの先も減らないじゃないか」

「そうですね。まあ、それはそうなのですが……」

話をしながら、私は保険でお客さんを守ることが自分の使命であり、責任なのだと強く感じた。同時に、それが道半ばである現状を実感し、だんだんと暗い気持ちにもなった。

起業して数年が経ち、お客さんである社長たちの役に立てたと実感することはあった。

しかし、その先にあるはずのもっと大きな手応えは感じない。改めてそう思ったからだ。

株を使って遺族を守る

「ところで、法律の観点から、経営者の遺族が多額の納税負担を抱えてしまう悲劇を避ける方法はないのですか？」

「さっきから僕も何かうまい方法はないのだろうかと考えていたんだがね」

「ありますか？」

「まず、法律の面から見ると、株の相続で相続税が発生するのは当たり前だし、相続税は納めなければならない。法律は、分かりやすくいえば、公正さと公共性に基づくルールだ。そこに特別扱いはないからね」

「そうですか……」

「ただ、事業や遺産を承継するという点から考えるなら、保険金以外にも活用できるものはある」

「どんなものですか？」

「例えば、会社の株だな。急にお金が必要になったときなどに、会社が株を買い取る仕組みを作っておけば、相続税のお金は準備できたかもしれない」

「会社に買い取ってもらう、ということですか」

「そう。社長が持っていた株は奥さんが相続しただろう。その株を奥さんが会社に売れるようにしておけば、保険金と同じように遺族へのラストラブレターになったと思うんだ」

「はあ」私は頷いたが、いまいち意味が分からない。

「いいかい？　株は経営権であり、資産でもある」

「そうですね」

「今回のケースでは、奥さんは株を相続し、そこに税金が発生している。この株を現金化する手段があれば、仮に保険金が受け取れなかったとしても相続税の負担は軽くできたんじゃないか」

「はい。でも、誰が買うんですか」

「例えば、亡くなった社長の会社だよ。会社に買い取ってもらえば、株の資産としての価値を現金化できる。奥さんは現金が必要だったわけだから、この方法なら現金も準備できたと思うんだ」

「どうすれば会社に株を売れるのですか？」

「実は、株にはいくつか種類があってね、取得請求権付種類株式というのを使えば、会社に買い取ってもらえるんだ」

「いつでも買い取ってもらえるのですか？」

「そう。分配可能額の範囲内で買い取るという条件は付くが、債務超過になっているような会社でなければ請求できる」

「へえ、そんな株があるんですね」

「一般的に株と呼ばれているのは普通株式のことで、これは経営に参加したり配当を受け取ったりする権利に紐づく。普通株式を持つ人は、持株に応じて権利をもつわけだ」

「はい。だから株の買い占めとかが起きるわけですし、株の譲渡や売買によって経営権も移ります」

「そう。ところが、だ。株にあらかじめ条件を付けることで、株主の権利などを変えたり、制限したりすることもできる。そういう株を『種類株式』というんだ。取得請求権付種類株式もその一つなんだよ」

「オーナーの奥さんのように、もともと経営を引き継ぐ気がない人の場合は、そのナントカ株を渡しておけばいいわけですね」

「取得請求権付種類株式ね。もしかしたら今後、この株を使って社長の家族を守れる場合があるかもしれない。覚えておくといいよ」

「分かりました」

それから私は弁護士に種類株式について教えてもらった。

種類株式には9種類あること、それぞれ異なる特徴をもち、種類株式を発行する際には定款で定める必要があり、また株主総会での決議が必要であることなどを教えてもらいながら、「これはもしかして、中小企業の社長たちを守るための武器になるかもしれない」と思った。

「役立つ士業協議会」を設立し、専門家の力を借りながら事業承継を支援していく際にも、種類株式を提案する機会は多い。

保険をどう活用するかが重要。「種類株式×保険」の仕組みが可能に

弁護士との話は、私にとって大きな気づきになった。

中小企業の社長、社長の家族、従業員などを守るための手段として、私は保険が強い武器であると思っている。事実、保険で守れるものは多い。十分に活用できる。

私自身も父が契約していた生命保険のおかげで助かったし、JUST FOR YOUを立ち上げる前も立ち上げてからも、保険が役立ったケースはたくさんある。

しかし、武器は保険だけではない。種類株式を組み合わせて使うことによって、亡くなった社長と奥さんのようなトラブルは回避しやすくなる。

私の仕事の究極の目標が、経営者と家族を守る方法を広めていくことであるとすれば、私には、生命保険というラストラブレターを書き、届けること以外の手伝いもできそうな気がした。

「保険に入れば大丈夫」そう思っている経営者は多い。

その常識を変えなければいけない。保険はすばらしいリスク対策だが、完璧ではない。万全を期すためには、税務、不動産、相続などの知識を総動員する必要があるのだ。

この出来事があってから数年後、私は「役立つ士業協議会」を設立することになる。社長と社長の家族の悲劇を通じて、私は自分の使命を再認識し、次の一歩を踏み出すことになったのだ。

解説

保険だけではカバーし切れない

株を持つということは、経営権をもつということです。そのことは経営者にも後継者にも広く認識されています。

しかし、見落とされがちなことがあります。

それは、株を持つと同時に、その株をいずれ相続する誰かが、多額の相続税を納めることになるリスクも発生しているということです。

例えば、事業を引き継いで株を持つと、その株に資産として価値がある場合、自分に万一のことがあったときに株が家族に相続されます。

何年後かは分かりません。しかし、死は必ずやってきますから、相続のときも必ずやってきます。仮に30年後に株式をさらに下の世代へバトンタッチするタイミングがくるのだとしたら、自分が持つ株を相続する妻や子どもは、30年にわたって納税負担のリスクを抱えることになるのです。

通常、このリスクは生命保険でカバーすることが多いのですが、このケースで見たように、なんらかの事情で保険金が確保できないこともあります。

つまり、保険代理店の代表である私が言うのはおかしいかもしれませんが、自社株の相続や相続税が関係する事業承継においては、「保険に入れば大丈夫」という考えが通用しないことがあるのです。

保険だけでは、実は片手落ちです。保険でカバーし切れない可能性まで考えて、種類株式を活用する納税の財源を準備していくことが重要です。

弁護士から教わった種類株式（取得請求権付種類株式）の活用は、納税対策に有効な手段の一つです。

預金や不動産などの資産がなくても納税対策はできます。株の買い手は故人の会社で、仕組みとしては自社株買い（金庫株）となります。金庫株は死亡時の特別優遇税制が引かれていますので、会社で生命保険に加入しておき、死亡時に支払われる死亡保険金で自社株を買い取るという仕組みを作っておかなければならないでしょう。

いくら保険に詳しくても、不動産や株の活用は基本的には専門外ですので、このようなアドバイスをするのは難しいと思います。相続税の仕組みや自社株の計算など、法律や税務に関する知識も必要です。

そのため、自社株を相続する人のリスク対策では、保険という領域のみならず、事業承継全般について知見をもつ専門家に相談し、保険とセットで種類株式を活用して仕組みを作るなど、経験豊富な専門家にアドバイスしてもらうことが決定打になります。経験豊富な人でないと未来リスクに気づくことすらできないのです。そして、悩んで解決しようと苦しんだ人だけが、このような仕組み作りをすることができるのです。

CASE 6 ▶【遺言書編】

遺言と遺留分放棄を活用し、相続を円満に

あらすじ

事業承継は、経営権を移すこと、そして株という財産を移すことといえます。そのため、経営と財産の両方に目を向けて、会社と家族が不満を感じないように配慮することが事業承継を成功させるポイントの一つです。

自社株の贈与で経営権を譲っただけで満足していると、財産分与の点で不満を感じる家族が現れる場合があります。社長が亡くなり、相続が発生したあとで家族内トラブルが起き、すでに済んだはずの事業承継が「大どんでん返し」を食らうこともあるのです。

相続にはルールがあります。

人が亡くなったとき、遺言など故人の意思を示すものが何もない場合には、相続人の間で遺産分割協議を行いますが、故人が生前に持っていたすべての財産を法定相続します。

亡くなる前に贈与した財産がある場合は、それも含めて財産の総額を計算します。

例えば、社長が亡くなり、法定相続人が妻、長男、次男の三人だとします。この場合、妻が財産の2分の1、長男と次男が4分の1ずつ相続するのが法定相続です。

では、社長が生前に自社株をすべて長男に譲っていたらどうなるでしょうか。

自社株の資産価値が大きく、長男と次男が相続する資産に差がある場合、次男はそのことを不満に感じても不思議ではありません。

社長の遺言があれば、基本的にはそのとおりに配分されます。しかし、遺言がなければ次男の不満に基づいて、財産を分け直すことになる可能性があります。

このケースでは、社長が生前に贈与した自社株が原因となり、相続が「争族」に発展してしまった事例と、その実態を知ってトラブル予防に取り組んだ社長の話を紹介します。

「死人に口なし」だからこそ「遺言書」の用意が肝心

「谷さん、遺言書ってのは、やっぱり書いたほうがいいんでしょうか？」唐突な質問だった。

「遺言書、ですか？　はい。財産の多い、少ないにかかわらず、書いたほうがいいと私は思いますが……何か心配ごとでもあるのですか？」

「心配というわけではないけど、知り合いに『書いといたほうがいい』と言われたので、実際、どんなものなのかと谷さんに聞いてみようと思ったんだ」

社長の表情は真剣だった。

ただ、口調は軽く、何か困りごとに直面しているわけではないらしい。

私は少し安心したと同時に、社長から「遺言書」という言葉が出たことに驚いていた。まさか社長が事業承継について考え始めているとは思わなかったからだ。

社長には、これまで何度か「事業承継の準備をしましょう」と伝えてきた。しかし、社長はその都度、「まだ若いから大丈夫」「手が空いたら相談する」と答え、ずっと後回しにしてきた。

社長は東京都に本社を持つ建設会社の経営者で、都内だけでなく、全国に支店を展開して手広く事業をしていた。

そろそろ還暦を迎えるはずだったが、体格が良く、日に焼けているせいか、若く見える。社員は約30人で、年商は350億円前後。昨今は人手不足と人件費の高騰で業績が苦しい建設会社が増えているが、社長の会社は比較的安定していた。

社長との付き合いは10年ほど前からのことで、JUST FOR YOUが社長の生命保険を預かっている。社長には妻と三人の息子がいて、社長に万一のことがあった場合は、社長が持つ資産や自社株などを家族の誰かが相続することになる。その結果、相続税が発生し、大きな負担となる。

社長が他界すると家族の生活費も不安だ。

社長は、三人の息子のうち長男に会社を譲るつもりでいるが、具体的なことは決まっていない。長男はまだ学生で、後継者として育てていく準備もしていないため、社長に万一のことがあった場合、その後の経営を安定させるために運転資金も必要だろう。

そう考えて、生命保険に入ることになって以来、定期的に保障内容を確認し、見直している。今日もそのためにJUST FOR YOUのオフィスで打ち合わせをしていた。

「書いたほうがいいなら、書こうかなあと思っているんだが、どう書けばいいのかさっぱり分からない。谷さん、今度、手伝ってくれるか？」

「もちろん、お手伝いします。ただし、遺言は税金のことを踏まえて書かなければなりません」

「なんで？　自分が思うとおりに書けばいいんじゃないの？」

「例えば、社長に愛人がいたとします」

「えー」

「例えが悪かったですね。では、かわいいお孫さんがいるとします」

「孫はかわいいいね」

「社長がお孫さんを溺愛していて、財産の一部をお孫さんに譲る、と遺言書に書くとします」

「すると、どうなる？　だめなの？」

「だめではないですよ。しかし、お孫さんは社長の財産の法定相続人ではありませんので、この場合は相続ではなく、遺贈となります。すると、奥さまやお子さまが相続する場合と比べて、税額が2割加算になります」

「ううむ、ホーテーソーゾクとかイゾーとか、いまいちよく分からないこともあるけど、要するに税金が高くなって、損ということだな。一代飛ぶからね」

「そうなってしまう可能性があるということです。遺言書は、何を書くかも重要ですが、法的に認めてもらうための書き方もあります。税務にも事業承継にも専門家を紹介しますので、きっちり準備を進めていきましょう」

私はそう言い、「役立つ士業協議会」の名刺を渡した。

「ええと、『役立つ士業協議会』か。分かりやすい名前でいいね。そういえば、事業承継を支援する会を作るって言ってたのはこの会のことか」

「はい、名前のとおり、事業承継で困っている人などを支援する士業の方々の集まりです。もし準備を進めるつもりがあるのでしたら、いつでも相談に乗ります」

「ありがとう」社長はそう言い、笑顔になった。

「社長、ところで……」

「ん？　ああ、俺が急に遺言書なんか気にし始めた理由が気になる？」

「はい。必要な保障は保険でカバーできていますが、事業承継はあまり乗り気ではなかったかなと思っていまして。もしかして息子さんが事業を継ぐことになったのですか？」

「いいや、いずれは長男に継いでほしいと思っているが、まだ学生だし、本人の希望もちゃんと聞いたことはない。決心するのはもう少し先だと思う」

「そうですか、では、どうして？」

「実は昔、お世話になった先輩の親方がいるんだけど、その親方の家族が相続でもめて、大変なことになっているという話を聞いたんだ」

「大変なこと、ですか」

「そう。先輩が亡くなって、会社を継いだ長男と、継がなかった弟がお金のことでもめているらしい」

「その方は遺言書は書いていなかったのですか？」

「取引がある銀行から遺言信託というものを提案されていたらしい。ただ、先輩はいまいちその必要性が分からず、書いていなかったんだ」

「そうでしたか……」

「細かいことは知らないけど、事業承継をちゃんと段取りして、遺言書さえきちんと書いておけば、こんなことにはならなかったと、仲間が言っているのを耳にしてね。それで、いつも『事業承継の準備をしろ』とお尻を叩く谷さんとこの会社を思い出したわけなんだ」

「お尻を叩く、は心外ですよ。大事なことなので少々強めに背中を押しているだけです」

「分かってる。こうして保険もちゃんと見てくれるし、細かい相談にも乗ってくれる。事業承継の話も、本当はちゃんと言うことを聞いて進めたい。けど、どうにも忙しくて、なかなか時間がつくれないんだ」

「社長の場合、今すぐにこうしましょう、という話ではありません。ただ、お忙しいのは重々承知ですが、後回しにするほどリスクが大きくなっていきます。遺言書も事業承継の準備も、早いに越したことはありません」

「分かった。なんといっても自分と家族のことだからね。今後について考えをまとめて、早々に連絡する」

そう言うと、社長は書類をまとめ、帰っていった。

不平等な資産の分配が「争族」を生む

社長が帰ってから少しして、私は知り合いの不動産屋の彼に電話をかけた。社長が言っていた「相続でもめた先輩」が気になっていたからだ。

相続でもめるケースは珍しくない。

ただ、あの社長が遺言書や事業承継に関心をもつようになったくらいだから、よほどのトラブルなのだろう。地域のそういう情報は、たいてい彼が知っている。

「おう、谷さんか。久しぶりだね」電話口から彼の明るい声が聞こえてきた。

「社長、お元気ですか?」

「世の中がコロナ禍で大変だというのに、どういうわけか忙しくてさあ。飲食や旅行業界の人には申し訳ないが、不動産業界はコロナが追い風のようだ」

「それはなによりですね。ところで、ちょっと教えてほしいことがありまして」

私はそう切り出して、相続でもめた先輩について聞いてみた。

「ああ、その会社のことは知っている」不動産屋の彼が言う。さすが早耳だ。

「原因は遺言書ですか?」

「遺言書というか、遺言書を書いていなかったことが問題だったな」

「詳しく教えてもらえますか」

「構わないよ。あくまでも噂だから、真偽のほどは分からないけどな」そう前置きして、トラブルの背景を教えてくれた。


彼の話によると、亡くなった先代は70歳前後で、10年ほど前に長男に会社を譲っていた。長男は、先代の会社で20年ほど働いていたという。現場仕事から始め、徐々に経営に携わるようになり、後継者の自覚に芽生えて成長していった。現場から始めているため、仕事の内部がよく分かる。現場社員との人間関係も築いている。長男が会社を引き継ぐことについて社内から不満はなく、むしろ「新米社長を支えよう」と社員の団結力が高まった。

家族経営の中小企業では理想的ともいえる事業承継の流れだ。実際、事業承継は特に問題なく終わり、会社はその後も順調に成長を続けた。

先代の子どもは二人いた。後継者となった長男と次男である。当時、次男は別の業界の会社で働いていたため、後継者争いになることもなかった。

事業承継を終えて、先代は引退し、現場からも経営からも身を引いた。

たまに業界の会合に顔を出すことはあったが、長男に会社を譲った頃から体の調子があまり良くなかったらしい。休養しつつ、妻と旅行などして楽しみつつ、穏やかに余生を送って息を引き取った。

「順調そうに聞こえますけど、何かが起きたわけですね？」

「そう。会社を譲ってから10年くらい経ち、先代が亡くなった。それから間もなくして、次男が相続の話を持ち出してくるわけだ」

「長男は会社を受け継いだ。自分は何ももらっていない。そういう話ですか？」

「厳密には、次男は不動産をもらったらしい。兄弟に平等に、ということで、先代が考えたんだろうな。先代が所有していた賃貸用の物件がいくつかあって、それを次男がもらうことになっていたらしいんだ」

こういう配慮は「相続」を「争族」にしないために重要なことだ。昔と違い、今は長男がすべて相続する時代ではない。何番目の子どもかは関係なく、もちろん男女も関係なく、子どもは平等に相続する権利をもっている。

中小企業の場合は、今も慣習的に長男が跡を継ぐケースが多いが、その場合も、長男が受け継ぐ会社の価値と同等の資産を、ほかの兄弟が相続するようにしておくことが大事なのだ。

「それで、何がトラブルになったのですか？」

「話は単純なんだよ。長男が受け継いだ会社の価値と、次男がもらった物件の価値に差がある。だから平等に分けよう、ということだ」

「会社の価値は、要するに長男は受け継いだ自社株の価値ですよね。どれくらい価値があったのですか？」

「もらったときの価格は分からないが、今の価格では10億円くらいらしい」

「それで、次男がもらった不動産は？」

「まあまあの築古物件で、僕の見立てだと、まあ1億か、高くて1億5000万円くらいだろう」

「なるほど。確かに差はありますね」

「そう。それで兄弟がもめることになった。細かいことは谷さんのほうが詳しいだろうけど、相続をやり直すことになったという話だ」

彼が言う「相続のやり直し」は、法律では「特別受益の持ち戻し」という。特別受益は、相続人が生前に受け取った財産のことだ。このケースでは、長男が受け取った自社株が特別受益に該当する。

仮に、長男が受け取った自社株が、相続発生の時点で10億円相当、次男が相続で受け取る不動産が1億円相当だとした場合、公平かどうかという観点から見ると次男の受け取りぶんが少ない。

そこで、「亡くなった先代はきっと兄弟公平に相続させたかったはず」という視点に立って、特別受益と相続する財産を合算し、総額を基にして平等に分ける。これが特別受益の持ち戻しだ。

特別受益の持ち戻しでポイントとなるのは、相続発生時の価格で再計算するという点だ。

例えば、長男が株を譲り受けたときの株価が1億円相当だったとする。この会社の場合も、おそらく当時の株価は1億円相当だったのだろう。だから、次男に1億円の不動産を相続させるという判断に至ったのだ。

しかし、その後、株価が上がり、10億円相当になった。特別受益の持ち戻しは、譲り受けたときの株価が1億円だったとしても、10億円で計算する。

つまり、相続財産の合計は、長男が譲り受けた10億円相当の株と、次男が相続する1億円相当の不動産で、合計11億円となるということだ。当然、株を移転するときに株価対策を行い、節税に取り組んだとしても、のちに特別受益の持ち戻しとなれば、その苦労がすべて水の泡になる。

「それで、長男はどうしたのですか？」

「自宅を抵当に入れたり会社で借金して、足りないぶんを次男に渡したらしい」

「相続財産が合計で11億円として、2分割すると5億5000万円ずつ。次男が1億円の不動産を相続するとして、次男は単純計算で4億5000万円当初より多く受け取っている計算になります。そんな大金を次男に渡したのですか？」

「確かそれくらいの金額だったと思う。長男としては株を渡すわけにもいかないし、借金してどうにかなるなら、ということで、大金を払ってもめごとを終わらせようとしたんだろうな」

長男としては大きな負担だ。時価10億円の会社で4億円以上もの借金をすれば、当然、経営への影響も大きい。

母親も気の毒だ。70代になって、まさか兄弟がもめるとは想像もしていなかっただろう。もちろん、最も気の毒なのは先代だ。自分が残した財産のせいで兄弟がもめることになってしまったのだ。

家族のために働き、必死に財産をつくったにもかかわらず、それが「争族」につながってしまう。こういう事態こそ、事業承継で最も避けなければならないことなのだ。

「兄弟仲は良くなかったのですか？」

「いいや、そういうわけでもないらしい」

「じゃあ、どうして……」

「これも聞いた話なんだけどな、次男を焚きつけた人間がいるらしいんだ」

「焚きつけた？」

「そう。『お兄ちゃんは10億もらって、あんたは1億。そんなのおかしいわ』『法律では公平に相続するはずよ』と、そういう入れ知恵をした人がいたということだ」

「次男の奥さん、ですね？」

「あくまで噂だけどね。しかし、それもよくある争族のパターンだろう？」

不動産屋が言うとおりだ。

兄弟や姉妹の相続に、義理の兄弟や姉妹が絡むことによってトラブルが泥沼化するケースは多い。どういう経緯かは分からないが、次男の妻は義理の兄である後継者が10億円の株をもらっていることを知った。

一方、自分たちが受け取るのは1億円だ。この圧倒的な差を見て「差額を長男からもらいましょうよ」と次男に言った。十分にあり得る話だ。

「谷さん、後学のために教えてもらいたいんだけどな」不動産屋が言う。

「なんでしょうか」

「長男が受け取った株は10年前に受け取ったものだ。それを今になって分け直すとなると、計算も手続きもいろいろ大変だろう。時効みたいなものはないのかね？」

「詳しいことはNPOの先生に聞いてみないと分かりませんが、以前、相続前3年分の贈与を相続税の対象にする、という話を聞いたことがあります。それ以前の贈与がトラブルの原因になっているとすれば、きっと民事で争ったんですね。民法では過去に受け取った財産を無期限に遡ることができるんです」

「へえ、無期限か。そりゃあ、おちおち贈与も受け取れないなあ」

「いいえ、そんなことはありません」

「何か防ぐための手があるのかい？」

「あります。亡くなる前に遺言書などで持ち戻し免除の意思表示をすればいいのです」

「免除か。つまり、生前に渡したぶんは相続財産に入れてはだめだと、そう決めておくわけか」

「はい。民法では、持ち戻し免除の意思表示をすれば、生前に渡した財産を相続財産に加えなくていいことになっています。亡くなった先代も、その一手間だけかけていれば、こんなトラブルは避けられたはずなのです」

「なるほど。勉強になった。ありがとう」

「こちらこそ、いろいろ教えてもらってありがとうございます」

私はそう言い、電話を切った。つい「一手間だけかけていれば」と言ったが、おそらくそれは難しかったのだろうなと思い返した。

事業承継や相続に詳しい社長は少ない。先代はきっと、持ち戻しについて知らなかった。税法と民法の違いについても知らなかったのだろう。

このようなトラブルは誰にでも起き得るのだ。

後ろ髪を引かれる思いでこの世を去らないために

遺言書のことで相談に来た社長と再び会ったのは、それからさらに1カ月ほど経ったころだった。少し時間が空いたということで、仕事の合間にJUST FOR YOUのオフィスに寄ってくれた。

会議室に迎え入れると、社長と、社長とよく似た体格の良い青年が一緒だった。一目見て、社長の息子だと分かった。

「谷さん、相談に来させてもらいましたよ」ニコニコ顔でソファに腰を下ろしながら社長が誇らしげに言う。

「こんなに早くいらっしゃるとは思っていませんでした」

私はそう言って笑った。実際、驚きだった。

「あれからいろいろ考えて、今のうちにできることはやっておかないといけないと思ってね。事業承継の具体的な準備とまではいかないだろうけど、まずは遺言書に書きたいことをまとめた。ここから先は谷さんの力が必要だ。以前言っていたＮＰＯの先生を紹介してもらおうと思ったんだ」

「すぐにご紹介します」私はそう答え、遺言書について概要を説明した。

社長は自社株を長男に譲りたいと考えていた。そのことを示すために、法的に有効な遺言書で自社株を持つ人を指定しておく必要がある。

遺言書があれば、長男に自社株を譲るまでの間、社長に万一のことがあったとしても、遺言書に従って自社株を譲ることができるだろう。

株や財産を巡って次男や三男ともめるとは限らないが、もめるようなことが起きたとしても、会社や後継者がトラブルを抱えないようにあらかじめ手を打っておく。それが事業承継の重要なポイントなのだ。

「ううむ……思ってたとおり、複雑だな」

遺言書について説明している途中、社長が唸るように呟いた。

「大丈夫です。具体的なことは手慣れた専門家の方がすべてアドバイスしてくださいますから、難しいことはありません。先生に相談しながら進めていきましょう。ところで……」

私はそう言い、青年に目を向けた。

「そうそう、すっかり挨拶が遅れてしまった。これは息子。この春、大学を卒業して、うちの会社に入ることになった長男だ」

社長がそう言うと、青年は背筋を伸ばし「はじめまして」と言った。

「未来の社長ですね。いつも社長にはお世話になっています。どうぞよろしくお願いします」

どうやら後継者も問題なく決まったようだ。

「社長、良かったですね」私は社長にそう伝えた。

「どうなるかは分からないけど、とりあえず形だけは作れそうだ。まだまだ頼りない後継だから、いろいろと周りに助けてもらわないといけません。今日もこれから取引先に息子を紹介して回る予定なんです。その前に、まずは谷さんのところへ、と思いましてね」

「光栄です」

「さ、谷さん、遺言書の説明の続きを」社長がそう言い、私は社長と未来の社長に向けて、遺言書の重要性やトラブル予防のポイントなどを説明した。

知り合いが相続でもめた話を聞いて、社長は不安を感じている。

そういうときこそ、まずは自社株問題や会社法に詳しい専門家を選んで紹介し、真心ある先生とともに、社長に寄り添って支えることが私たちの役目であり、「役立つ士業協議会」をつくった目的なのだからと、強く感じた。

解説

「持ち戻しはしない」の一筆が大事

このケースに登場する親方（社長の先輩）は、遺言書を作っていなかったために子どもたちが不仲になってしまいました。

また、後継者となった長男は４億円超の負担を背負うこととなり、兄弟仲が悪くなっただけでなく、親方が人生をかけて作ってきた会社も多額の借金によってダメージを受けることになったのです。

このようなトラブルを避けるために、中小企業の社長には遺言を書いておくことを強くお勧めします。

財産の金額は問題ではありません。経営者としての意思を明確にすることが、相続トラブルを防ぐ最も効果的な方法なのです。

「まだ元気だし」「若いから大丈夫」と考える人もいるでしょう。しかし、万一のことはいつ起きるか分かりません。思いもしないときに襲ってくるから万一のことなのです。

もし遺言を書くことに気乗りしないのであれば、必要最低限の対策として、株を贈与するときに「贈与した自社株の持ち戻しはしない」と持ち戻し免除の意思表示をしておきましょう。

方法としては、贈与時に結ぶ贈与契約書に「今回贈与した財産についてはこれを持ち戻さない」という旨を記入すればいいでしょう。

この一文があれば、仮に遺言を書いていなかったとしても、贈与した自社株を相続時に持ち戻されるという「大どんでん返し」は防げます。

〝生きている間〟にできること

兄弟、姉妹、家族間の「争族」を防ぐためには、会社を継がない人、つまり、自社株を受け取らない人に向けた配慮が重要です。

その方法としては、預金や不動産を相続させて兄弟・姉妹間の不平等感を解消することができますし、相続させる財産などがない場合は、生命保険を使うこともできます。

生命保険は受取人を指定することができます。預金や不動産は、相続時の話し合いによって誰が相続するか不確定ですが、生命保険はそこが異なり、受け取ってほしい人に受け取ってもらうことができます。

この特徴を活用し、自社株を受け取らない人が、自社株の代わりとして保険金を受け取れるようにしておくのです。

このような配慮があれば、相続が「争族」になる可能性は小さくなります。事業承継を円滑に行うために、後継者以外の相続人にもしっかり配慮することが、親の責任であるとも思います。

さらに細かく配慮するためには、遺留分放棄という方法があります。

遺留分は、故人の法定相続人が相続できる最低限の財産の割合のことです。また、遺留分放棄は、その権利をあらかじめ放棄してもらうことであり、この手続きを行っておくことで、相続発生後の自社株の持ち戻しなどを防ぐことができます。

遺留分の割合は、法定相続分の2分の1です。

例えば、経営者が他界し、法定相続人が妻と子ども二人だった場合、法定相続分は、妻が財産の2分の1で、子どもたちが4分の1ずつです。遺留分はその半分で、妻が4分の1、子どもたちが8分の1ずつです。

仮に他界した経営者が「法定相続人以外の誰かに全財産を渡す」といった内容の遺言を記していても、法定相続人それぞれが持つ遺留分を侵害することはできません。

妻と子どもが二人いるケースであれば、妻は財産の4分の1、子どもたちは財産の8分の1ずつを相続する権利がありますので、このぶんを侵害して、誰かに全財産を渡すことはできないのです。

ただし、法定相続人が遺留分を放棄していれば、妻が4分の1、子どもたちが8分の1ずつといった割合に縛られる必要がなくなります。結果、例えば、遺言書で財産の大半を後継者に譲るといったことも可能になります。法定相続人が遺留分を主張し、持ち戻しが起きることも防げますので、後継者は持ち戻しの心配から解放され、事業承継後の経営も安定しやすくなります。

遺留分放棄の注意点

遺留分放棄は、財産を譲る側の人が生きている場合は、家庭裁判所の許可が必要です。裁判所が確認するのは、遺留分を持つ人が自分の自由意思に基づいて遺留分を放棄したか、遺留分放棄に合理性や必要性があるか、そして、遺留分を放棄する人に対して十分な代償があるかです。

自分の意思で放棄するという点は、あらかじめ相続人と遺留分放棄について話し合い、「放棄します」という意思を表明してもらう必要があります。

遺留分放棄の合理性や必要性については、中小企業は、自社株をすべて後継者に譲るほうが、その後の経営がやりやすくなりますので、後継者以外の相続人に株の相続を放棄してもらう合理性と必要性は認められやすいといえるでしょう。

放棄する人への代償は、遺留分を放棄することに対する見返りのことです。なんの見返りもない遺留分放棄は、仮に本人が良いと言ったとしても裁判所が認めない場合があります。代償措置の内容としては、前述したような預金、不動産、生命保険などが考えられるでしょう。生命保険は受取人が指定でき、遺留分を放棄する人が確実に代償を受け取れるため、代償措置の手段としてお勧めです。

相続に関するトラブルは、当事者である経営者（被相続人）が他界してから起きることがほとんどです。そのため、事業承継を考える際には、自分の死後に起き得るトラブルまで想定しておく必要があります。

「これで大丈夫」と思っても、身近な人が「こうすれば安心」と言ったとしても、抜け落ちているリスクがあるかもしれません。その小さな穴をきちんと対策するために、ぜひ専門家にセカンドオピニオンを聞いてみてください。

事業承継に伴うあらゆる不安をゼロにすることが、私たちの切なる願いです。

おわりに

本書をお読みいただき、ありがとうございました。初めての著作となる本書をこのコロナ禍のなかで、執筆することになったのも何かのご縁だと私たちは思っています。新型コロナウイルスが全世界へ及ぼした影響は大きく、「役立つ士業協議会」の活動としても、今まではセミナー活動を全国各地で行い、そこに来られたお客さまに対して事業承継の情報をお届けするということを行っておりましたが、今はほぼウェブセミナーを通しての情報配信・ウェブ相談というスタイルに切り替えています。

セミナーに参加をされたその日に、直接お客さまのお困りごとに耳を傾けることができないもどかしさは感じますが、地域を限らず、ネットさえあれば一人でも多くの方に情報をお届けすることもできるという点に利便性も感じており、コロナ禍を悲観的にとらえず、むしろもっと広くお客さまに役立つ情報を知っていただくチャンスだと思っております。

そう、ピンチはチャンスなのです。皆さまにも、このコロナ禍をチャンスととらえて、事業承継の第一歩を踏み出していただきたいと私たちは考えています。

さて、本書の事例では数々の成功と失敗を取り上げました。個人情報保護との兼ね合いで実際にあったケースから内容を少し変えておりますが、これはほんの一部に過ぎず、私たちがご相談いただくお客さまからは、もっと複雑でもっと大変なお悩みを聞くことも少なくはありません。

事業承継はオーダーメイド。成功の勝ちパターンは存在しません。型にはめたようなやり方では本当に成功することはないのです。私たちは日夜、これが本当にこの社長にとって、家族にとって、企業にとって、ベストな方法か？　もっといい解決策はないのか？　侃侃諤諤《かんかんがくがく》と議論しコンサルティングを行っています。

代表の谷、社員、提携している先生方全員が心を一つに真摯にお客さまと向き合い、社長と、皆さんと一緒に成功を思い描き突き進んでいます。

事業承継を成功させることは社長の最後の大仕事です。しかし、最後だからといっても事前準備が早いに越したことはありません。むしろ、どうやって会社を継いでいきたいのか？　社長が望む承継の選択肢は時間を味方に付ければ付けるほど広がります。

どうか、この本をきっかけに、また、役立つ士業協議会が開催するウェブセミナーに参加してくださることで、ご自身の事業承継と今一度向き合っていただけましたら幸甚です。

最後に、本書の監修をいただきました谷先生をはじめ、「役立つ士業協議会」の多くの先生方のご支援を受けて本書を書き上げることができましたこと、御礼を申し上げます。

本書に寄せて

NPO法人役立つ士業協議会所属
税理士法人プライムタックス代表社員　税理士　谷　忠宗

私が役立つ士業協議会の谷さんと出会ったのは10年以上前になります。最初は「パワフルな方だな」という印象でした。それから、数多くの事業承継相談に携わるなかで、最近は「自分ではなく周りの人に元気を与えて、周囲をパッと明るく照らす太陽のような女性」という印象になってきました。

ちなみに、私と谷さんは同姓ですが夫婦ではありません（笑）。たまたま同じ姓でお互いに事業承継の専門家という珍しい組み合せで、最近では「W（ダブル）谷」というコンビ名が出来上がりました。

さて話はそれましたが、ここ数年で事業承継に携わるプレーヤーが数多く出てきました。

税理士・弁護士などの士業、銀行・証券会社・経営コンサルティング会社・保険会社など、玉石混交です。そして、当然といえば当然ですが、皆さんビジネスとしてやっているので、提案内容やアドバイスが偏っていることも多いです。

このようななかで我々が気をつけているのは、「本当に相談者の方のためになっているのか?」ということです。いつも自問自答しています。そして、これは次の「良い提案は取り入れよう!」というポリシーへと続きます。

本書では事業承継をテーマにして、実際に起こった事例を取り上げていますが、金融機関の提案がいつも、すべて、間違っているわけではありません。なかには良い提案もあります。顧問の税理士先生も同じで、ずっとその会社に寄り添ってきている顧問税理士は誰よりも顧問先のことを理解しているはずです。事業承継についてもアドバイスしていることでしょう。

ですので、良い提案があれば、それはお客さまにとって役立つことなので、積極的に取り入れていこうというのが我々のやり方です。専門家同士がライバル心をむき出しにして、互いに排除しあって、その板ばさみでお客さま(社長さま)が困惑するという状態にはしたくないのです。

しかし残念なことに、かなり偏った提案、明らかに間違っている提案をしている専門家や、金融機関がいることも事実です。経営者の皆さまも、セミナーや書籍などで事業承継の勉強はされているかと思いますが、いろいろなアドバイスや知識を吸収するうちに、「いったいどれが最善の策なのだろうか……」と分からなくなって、「本業も忙しいからまたあとでゆっくり考えよう」となってしまいがちです。

現時点（２０２１年２月）の調査会社の報告では、経営者の平均年齢は60歳を超え、後継者がいない会社は65％以上となっています。私は、中小企業は日本経済を下支えしている縁の下の力持ちだと思っています。明るい未来のため、子どもたちのため、自分自身のためでもいいでしょう。是非、中小企業がもつすばらしい技術、ノウハウ、従業員を次世代へと引き継いでいきましょう。

動き出せば、必ず突破口が見えてくるはずです。皆さまにとってベストな事業承継の方法を、これからも一緒に考えていきたいと思います。

ＮＰＯ法人役立つ士業協議会所属

税理士法人ＫＡＪＩグループ　税理士　山田健児

私と著者の谷 敦さんとの出会いは、ちょうど２０１８年の７月に私が33年間務めた大阪国税局を退官し、現在の税理士法人ＫＡＪＩグループで相続専門の税理士として勤務しだしてすぐのときに、ある方の紹介でJUST FOR YOUの事務所を表敬したことから始まりました。谷 敦さんは私の経歴を聞き、「山田先生は何が得意ですか?」「中小企業の社長さんの手助けになるようなスキルはおもちですか?」と矢継ぎ早に質問されました。私は多少面食らいましたが、「自分は長年、国税調査官として相続税や贈与税及び土地や株の譲渡所得の調査を実施してきたため、これらの税目の税務調査リスクに対応できます」と答えました。

そのあと、谷 敦さんの保険のお客さまは中小企業の社長さんや医療法人の先生が多く、これらの経営者の方の多くが事業承継等で悩んでいることや、その解決のために、ＮＰＯ

法人「役立つ士業協議会」を立ち上げたことなどを熱く語られ、私に協力してほしいと言われました。

私は谷　敦さんの熱い思いに賛同し、2年間で計6回「相続税等の調査セミナー」を共同で開催し、〝役立つ士業〟としてともに頑張ってきました。

本書は、まさに谷　敦さんの熱い思いが結集したすばらしい内容であり、中小企業の社長さまの悩みの解消に役立つと信じています。

〈退職金編の留意点〉

本書のCASE3【退職金編】はまさに税務調査の場では調査の争点となる部分が生々しく描かれています。

税制上のメリットが大きい部分だけにこれが否認されると大きなダメージがあります。ダブルパンチで済めばラッキーで、後継者に自社株を贈与していた場合は、トリプルパンチになりかねません。

○ワンパンチ　法人税：役員退職金を賞与とみなされて、全額損金不算入となり追徴
　　　　　　源泉所得税：追徴
○ツーパンチ　所得税：退職金が給与（賞与）所得となるため、所得税、住民税が追徴
○トリプルパンチ　贈与税：退職金が損金算入できなくなることから、1株あたりの評価額が増額となり贈与税が追徴

〈国税調査官が確認する3つのポイント〉

国税調査官は「役員退職金」が適正かどうか次の3つのポイントから調査します。

①金額の算定が合理的であること……役員退職金は一般的に「月額報酬×在任年数×功績倍率」という式で計算しますので、これに見合った形で算定された金額であるかどうかが判断のポイントになります。

②形式的な基準を満たすこと……役員退職金の金額を決める際には、株主総会を開き、取締役会の決議をきちんと受け、議事録に記録を残しておかなければなりません。

③実質的な基準を満たすこと……これが最も重要です。形式的なものよりも実質的にどうなのかという基準で判断されます。後継者が本当に全権を掌握しているかという点を事実認定で判定した結果、役員退職金が否認されるケースが増加しています。さらに、自社株の評価を著しく引き下げ、贈与税・相続税を不当に減少させることを目的としたものでないかが問われることになるので注意が必要です。

事業承継の際、相続の際、納税のお手伝いを通じて国と中小企業の社長の架け橋となるのが我々士業です。このような正しい税の知識をお客さまに提供して事業承継の失敗を防ぎ、これからも〝役立つ士業〟として皆さまが幸せな相続・事業承継のサポートをしてまいります。

谷 敦（たに あつ）

NPO法人役立つ士業協議会理事長
株式会社JUST FOR YOU代表取締役社長
自身の父親の自社株の問題で悩んだ経験、経営者さまのお悩みに寄り添うなかで目にしたさまざまな事業承継の失敗を踏まえ、役立つ士業協議会を設立。皆さまの事業承継のお手伝いをできるさまざまなジャンルに特化した税理士・弁護士等の士業をお客さまのお悩みに応じて紹介できる仕組みを作り、今では登録する士業は180人を超える。日夜悩める中小企業の経営者と役立つ士業協議会所属の士業との架け橋として自身もコンサルティングを行う。事業承継をワンストップでサポートするために特に事業承継のなかで役立つ金融商品である生命保険を扱う株式会社JUST FOR YOUも経営している。

谷 忠宗（たに ただむね）

NPO法人役立つ士業協議会に登録する税理士。大手税理士事務所・公認会計士事務所を経験したのち、「組織再編」「事業承継」等の高度税務を多数手掛けられる税理士法人プライムタックスを設立する。関わった案件は500件を超える、事業承継においては日本でも屈指の税理士。信条は「人の気持ちに寄り添う税理士」であること。

銀行主導にさせない事業承継のススメ

二〇二一年三月　八日　第一刷発行
二〇二一年六月二八日　第二刷発行

著　者　谷 敦
監　修　谷 忠宗

発行人　久保田貴幸
発行元　株式会社 幻冬舎メディアコンサルティング
〒一五一-〇〇五一　東京都渋谷区千駄ヶ谷四-九-七
電話　〇三-五四一一-六四四〇（編集）
発売元　株式会社 幻冬舎
〒一五一-〇〇五一　東京都渋谷区千駄ヶ谷四-九-七
電話　〇三-五四一一-六二二二（営業）
印刷・製本　シナノ書籍印刷株式会社
装　丁　三浦文我
検印廃止

Printed in Japan　ISBN 978-4-344-93100-8　C0034
幻冬舎メディアコンサルティングHP　http://www.gentosha-mc.com/

本書についての
ご意見・ご感想はコチラ